척추가 바로 서야
인생이 바로 선다

척추가 바로 서야
인생이 바로 선다

통증을 넘어 되찾은 두 번째 삶

초 판 1쇄 2025년 11월 05일

지은이 여원 이증숙
펴낸이 류종렬

펴낸곳 미다스북스
본부장 임종익
편집장 이다경, 김가영
디자인 임인영, 윤가희
책임진행 김요섭, 이예나, 안채원, 김은진, 국소리

등록 2001년 3월 21일 제2001-000040호
주소 서울시 마포구 양화로 133 서교타워 711호
전화 02) 322-7802~3
팩스 02) 6007-1845
블로그 http://blog.naver.com/midasbooks
전자주소 midasbooks@hanmail.net
페이스북 https://www.facebook.com/midasbooks425
인스타그램 https://www.instagram.com/midasbooks

© 여원 이증숙, 미다스북스 2025, *Printed in Korea*.

ISBN 979-11-7355-567-1 03810

값 18,500원

※ 파본은 구입하신 서점에서 교환해드립니다.
※ 이 책에 실린 모든 콘텐츠는 미다스북스가 저작권자와의 계약에 따라 발행한 것이므로 인용하시거나 참고하실 경우 반드시 본사의 허락을 받으셔야 합니다.

미다스북스는 다음세대에게 필요한 지혜와 교양을 생각합니다.

통증을 넘어 되찾은 두 번째 삶

척추가 바로 서야 인생이 바로 선다

여원
이증숙

미다스북스

> 들어가는 글

넘어졌지만,
다시 일어섰다

한때 나는 걸을 수 없을지도 모른다는 절망 속에 서 있었다. 허리 통증은 단순한 아픔이 아니었다. 하루하루 내 삶을 흔들어 놓았고, 나 자신을 잃게 했다. 눈을 뜨면 빛보다 먼저 찾아온 건 두려움이었다.

"오늘, 이 하루를 어떻게 견뎌낼까."

자유롭게 걷던 발걸음은 무거운 짐이 되었고, 앉고 일어서는 일조차 경사진 언덕을 오르는 것처럼 힘겨웠다. 처음에는 대수롭지 않게 여겼다. 나이가 들면 다 그렇지, 조금 쉬면 괜찮아지겠지, 약 먹으면 곧 나아지겠지. 그렇게 스스로 달래며 몸이 보내는 신호를 외면했다. 하지만 작은 불편은 사라지지 않았다. 무시한 날들이 쌓일수록 고통은 깊어졌고, 그 결과 나는 수술대 위에 누워야만 했다. 건강은 하루아침에 무너지는 것이 아니라, 외면해 온 신호들이 쌓여 무너진다는 사실을 그때 깨달았다. 수술은 끝이 아니라 시작이었다. 단순하게 생각했다. 의료 기술이 발달한 지금, 무슨 문제가 있겠는가. 수술하고 몇 개월 지나면 수술하기 전처럼 걸을 수 있으리라는 안이한 생각으로 시작한 수술은 나의 인내심을 시험하는 듯했다. 병원과 한의원을 오가는 재활 과정에서 나는 많은 것을 경험하고 배웠다. 가족이 곁에서 함께 아파해주고, 의료진이 최선을 다해 도와주어도, 회복의 길은 내가 스스로 걸어야 한다는 것을. 지팡이에 의지해 디딘 한 걸음, 눈물로 버틴 재활의 하루하루가 모여 내 삶을 다시 채워주었다.

병실과 재활치료실에서 흘린 땀과 눈물은, 어떤 의학 지식보다 더 깊은 깨달음을 주었다. 건강은 특별한 비법이 아니라, 몸의 작은 신호에 귀 기울이고, 사소한 습관을 꾸준히 지켜내는 것에서 비롯된다는 것을. 그리고 그 과정에서 무엇보다 중요한 것은, 흔들려도 다시 마음을 다잡는 힘이었다. 『척추가 바로 서야 인생이 바로 선다』 이 책은 나 혼자만의 기록이 아니다. 고통과 싸우는 사람, 몸이 예전 같지 않아 두려움을 느끼는 사람, 그리고 삶의 의욕을 잃어버린 채 주저앉아 있는 사람, 나는 아픈 곳이 없다며 건강하다고 자부하는 사람, 아픈 이들의 곁에서 돌보는 가족 모두에게 건네고 싶은 이야기다. 아픔은 누구에게나 찾아오지만, 다시 일어서는 길 또한 누구에게나 열려 있다. 내가 다시 걷게 된 것은 특별한 능력이나 운 때문이 아니었다. 포기하지 않고, 아주 작은 실천을 이어갔기 때문이다. 매일의 짧은 걸음, 몸을 위한 식사, 단순한 생활의 질서를 지켜낸 것, 그 평범한 행동들이 기적을 만들었다. 돌아보면 건강을 잃기 전의 나는 많은 것을 당연하게 여겼다. 자유롭게 걷고, 누군가를 만나고, 웃으며 대화하고, 하고 싶은 일을 마음껏 할 수 있고, 모든 일상이 얼마나 큰 선물이었는지 잃고 나서야 알았다. 내가 다시 얻은 그 보물을 독자와 나누고 싶은 마음에서 작업을 시작했다. 이 글을 통해 건강을 나이 든 사람만의 문제로 한정하고 싶지 않다. 젊을 때는, 나이가 들어도 건강하게 지낼 것 같았지만, 평소의 잘못된 습관은 흔적을 남겼다. 작은 불편을 가볍게 여기고, 피곤함을 무시한 채 살아가다 보면 어느 순간 돌이킬 수 없는 지점에 다다르게 된다. 그렇기에 지금, 이 순간부터라도 몸을 살피고 내일을 준비해야 한다. 건강은 선택이 아니라 반드시 지켜야 할 삶의 기반이자 권리이기 때문이다. 나는 이 글을 통해 독자에게 부담감을 주고 싶진 않다. 대신 작은 희망을 전하고 싶다. 나도 다시 일어설 수 있겠다는 믿음, 나도 지금부터 시작할 수 있다는 용기, 건강은 누구에게나 가능한 일이다. 비록 지금은 몸이 무겁고 지쳐 있더라도, 작은 실천이 쌓이면 반드시 변화가 찾아온다. 내가 그 증인이다. 이 글을 쓰는 지금, 나는 다시 걷고 있다. 지팡이에 의지하던 발걸음이 마침내 스스로 설 수 있게 되었고, 그 과정에서 배운 이야기를 글로 남길 힘까지 갖췄다. 이 책은 단순한 회고가 아니다. 넘어져도 다시 일어설 수 있다는 증언이며, 독자에게 전하는 함께 가자는 격려다. 독자가 책장을 덮을 때, 마음속에 "나도 시작할 수 있다."라는 불꽃이 피어오르기를 바란다.

힘든 과정을 겪는 동안 내게 가장 큰 힘이 되어준 두 사람을 잊을 수 없다. 늘 나를 믿어주고 삶의 지혜를 가르쳐 주신 존경하고 사랑하는 영원한 나의 멘토이신 어머니 안상흔 여사님, 그리고 긴 투병 기간을 곁에서 묵묵히 함께하며 끝내 웃음을 되찾게 해준 사랑하는 남편 이만욱 님. 두 분의 사랑과 헌신이 없었다면 나는 결코 다시 일어설 수 없었을 것이다. 이 책은 그 감사의 마음을 담은 작은 결실이기도 하다.

들어가는 글   넘어졌지만, 다시 일어섰다   — 4

1장   통증을 마주한 첫 회복의 여정

1. 이상한 허리, 낯선 통증 — 13
2. 누울 수도, 일어설 수도 없었다 — 18
3. 수술보다 더 아팠던 사람들의 무관심 — 23
4. 무너져 내린 마음, 다시 일으켜 세우다 — 28
5. 다시 꺼낸 꿈, 다시 걷는 하루 — 33
6. 감사로 시작한 아침 루틴 — 38
7. 고통이 삶을 흔들 때 — 43
8. 한 걸음, 다시 세상으로 나아가다 — 48

2장   몸을 바꾸는 습관, 삶을 바꾸는 지혜

1. 나이 드는 게 두려웠다 — 55
2. 습관이 병을 키웠다 — 60
3. 체중의 변화가 무서운 이유 — 67
4. 잃었던 일상의 감각 — 72
5. 마음이 바뀌면 몸이 바뀐다 — 78
6. 괜찮은 척하지 않기로 했다 — 83
7. 내 인생에 춤과 웃음이라는 파문 — 88
8. 60세, 열정에 불을 지피다 — 93

3장 마음에서 시작되는 진짜 회복

1. 고통을 딛고 얻은 용기 — 101
2. 몸보다 먼저 움직인 마음 — 106
3. 지팡이는 나의 작은 기적 — 111
4. 약보다 중요한 건 몸의 신호 — 116
5. 멈춰 선 회복, 다시 찾은 길 — 121
6. 작은 변화가 만든 기적 — 126
7. 멈출 것인가, 다시 걸을 것인가 — 131
8. 작은 실천이 희망이 되다 — 136

4장 허리가 펴지자 활짝 핀 노년의 삶

1. 몸의 중심이 인생의 중심 — 143
2. 작은 변화, 큰 울림 — 148
3. 스마트폰 강사, 나의 첫 도전 — 153
4. 인생 연장전, 다시 주인공으로 — 158
5. 회복이 준 또 한 번의 기적 — 163
6. 세상 속으로 다시 당당하게 — 170
7. 매일 책상 앞에 앉는 이유 — 175
8. 고통 뒤에서 진짜 나를 만나다 — 180

5장   단단한 오늘, 건강한 인생

1. 몸의 신호를 놓치지 마라 — 187
2. 건강은 식탁 위에서 시작된다 — 191
3. 운동은 다시 걷는 삶이다 — 198
4. 내가 건강해야 우리도 웃는다 — 203
5. 비움, 기적을 부른 시작 — 208
6. 함께라서 살아갈 수 있다 — 213
7. 오늘의 선택이 내일의 건강 — 218
8. 인생에 '꽝'은 없다. 모두 배움이었다 — 223

마치는 글   다시 걷는 삶, 다시 찾은 희망   — 228

> 1장

통증을 마주한
첫 회복의 여정

내 몸이 보내는 아픔은 마지막 경고였다. 무너진 건 몸이었지만, 마음까지도 함께 무너졌다. 그러나 이제는 더 이상 외면하지 않겠다. 통증은 내 몸이 보내는 최후의 신호이자, 나 자신을 지켜내라는 간절한 외침이었다. 나를 지키고 사랑하는 것, 그것이 건강의 시작이며 삶을 바로 세우는 첫걸음이라는 것을 알았다.

이상한 허리,
낯선 통증

"억, 어, 어, 여보 내 다리 옆으로 좀 돌려줘요."

자는 남편을 깨워 도움을 청했다. 몸을 움직이려 해도, 허리부터 발끝까지 아무런 감각이 없었고, 딱딱하게 굳어 버린 듯했다. 오른쪽으로 돌아눕고 싶었지만, 다리가 말을 듣지 않았다. 한밤중인 새벽 1시 10분. 이 시간에, 이처럼 심한 통증은 처음이었다. 원래 허리가 약해 1년에 한두 번 정도 뼈근하거나 통증이 있었지만, 하루 이틀 조심하거나 약 한 첩으로 해결되곤 했다. 그런데 이번에는 달랐다. 몸이 아예 말을 듣지 않았다. 남편은 내 몸을 옆으로 돌려주고 다리를 주물러 주었다. 끙끙거리며 땀을 흘리고 있는 내게 물과 약 한 첩을 건넸다. 그 약을 먹으면 조금 나아질 거란 작은 희망이 있었다. 십여 년 전 친구 영숙에게서 받았던 약이었다. 점심을 먹던 중, 허리가 좀 묵직하고 아프다고 했더니 가방에서 약 봉투 하나를 꺼내 주었다. 그다음 날 영숙이가 괜찮냐고 물었을 때 허리가 아프지 않다는 사실을 알았다. 그 한 첩 약으로 통증이 말끔히 사라져 곧바로 약국을 찾아가 약을 지었다. 약국은 겉보기엔 평범했지만, 내게는 기적 같은 곳이었다. 허리가 아플 때마다 그 약 한 첩으로 멀쩡해졌고, 그래서 그 약을 필수품처럼 가방에 꼭 챙겨 다녔다. 약의 성분을 인터넷에 검색해 보니 소염제, 진통제, 소화제, 근육이완제였다. 그 약이 내게는 마법 같았다.

하루는 절에서 만난 친구들 모임이 있었다. 1989년 10월부터 지금까지 이어온 소중한 만남이었다. 오랜만에 만나 웃고 떠들며 점심을 잘 먹고, 재밌는 시간을 보냈다. 무리하거나, 몸을 과하게 움직인 일도 없었다. 그런데 이 새벽에 돌아누울 수조차 없을 만큼 허리가 아팠다. 약 먹으면 30분 내로 진정되던 통증이 이번에는 아무런 반응이 나타나지 않았다. 잠을 이룰 수가 없었다. 잠을 못 자니 화장실만 자주 가게 되고, 겨울도 아닌데 밤이 길었다. 내일 아침 눈만 뜨면 병원 가야지 라며 끙끙거렸다. 다음 날 아침, 주차장까지 가는 길이 평소와 다르게 힘들었다. 백 보도 안 되는 거리인데 몇 번이나 쉬었는지 모른다. 열 걸음도 걷지 못하고 주저앉았다. 허리 아프고 다리가 땅겨 발목에 힘을 줄 수 없었다. 앉으면 일어서기 힘들고, 일어서면 걷기 어려워서 주저앉기를 반복했다. 혼자서는 걸을 수 없어 남편 부축을 받아 겨우 차에 올라앉았다. 다행히 운전할 수 있을 정도 힘은 남아 있었다. 병원 도착할 때까지 머릿속은 복잡했다. 척추 수술 전문병원이었다. 여러 가지 검사를 하기 위해 2, 3층을 오르내렸다. 2020년 5월, 코로나바이러스로 인해 온 세상이 시끄러웠다. 그 때문인지 병원은 한산했다. 출입이 제한되었고, 환자복 입은 사람들과 병원 직원들만 복도를 오갔다. 평소 병원은 사람이 많아 아픈 사람들이 이렇게 많구나 싶을 정도였는데 그날은 아니었다. 병원 복도를 걷는 사람들의 모습은 허리가 한쪽으로 기운 사람, 반쯤 앞으로 쏠린 사람, 절룩거리며 걷는 사람, 걷는 모습도 다양했지만 모두 제각각 불편한 자세였다. 얼마나 아팠으면 저런 모습일까. 나도 저렇게 되면 어쩌지? 그 순간, 가슴이 철렁 내려앉았다. 나는 떨리는 마음으로, 진료실로 들어갔다. 의사는 검사 결과를 보더니 기계적으로 말했다.

"수술해야 합니다."

허리 수술은 하지 않는 게 좋다는 말을 들어왔기에 나 역시 피하고 싶었다. 하지만 의사는 지금 상태로는 시술해도 얼마 지나지 않아 결국 수술하게 될 거라고 했다. 일단 시술을 결정했고, 남편은 입원 절차를 마친 뒤 코로나로 병원에 머물 수 없어 집으로 돌아갔다. 병실은 6인실이었지만 환자는 둘뿐이라, 공간은 적막했다. 간호사들과 요양보호사들만이 바삐 움직이고 있었다. 가끔 병문안 가서 느끼는 복잡한 병원 분위기와는 완전히 달랐다. 조용해서, 마치 다른 세상에 잠시 다니러 온 듯한 기분이 들었다. 밤이 깊어질수록 머릿속이 복잡해졌다. 잠은 오지 않았고, 진료실 앞에서 본 환자들의 걸음걸이가 자꾸 떠올랐다. '왜 내가 여기 있지? 허리가 왜 아팠지? 언제부터 아팠지?' 과거로 생각이 돌아갔다.

여상을 졸업하고 은행에 입행했다. 그 당시 은행은 상고 출신들이 꿈꾸는 최고의 직장이었다. 아침 일찍 출근해 밤늦게까지 고된 업무에 시달렸다. 은행 업무는 당일 마감을 원칙으로 했기에 단돈 1원이라도 틀리면 맞을 때까지 퇴근할 수 없었다. 아침 8시에 출근하면 점심시간까지 자리에서 일어나지 않았다. 창구에 줄 선 고객에게 화장실 다녀오겠다고 말하기 부담스러워 아예 물도 마시지 않았다. 이런 애로 사항을 동료들은 공감했다. 공과금 마감일이나 거래처의 급여일에는 고객이 길게 줄 서 있었고, 점심시간 1시간을 온전히 사용할 수 없었다. 10분이나 15분 만에 교대로 밥을 먹어야 했고, 천천히 씹을 시간도 없어 두세 번 대충 씹어 삼켰다. 화장실 자주 갈까 봐 물도 마시지 않았다. 젊다고, 체력이 된다고, 몸을 돌보지 않고 일에만 집중했다. 그래도 그 시절을 떠올리면 미소가 지어진다. 내 청춘을 바친, 내가 사랑한 직장이었다. 그때는 내 몸의 소리에 귀 기울이지 않았다. 지금의 고통은 그 모든 무시와 외면의 결과인 듯하다. 이제야 깨달았다. 내 몸이 보내는 신호를 무시해서는 안 된다는 걸. 아프면 쉬어야 했고, 약이 아니라 치료를 받아야 했다. 내 몸, 내 영혼의 소리에 귀 기울이며, 나를 아끼고 사랑하는 법을 배우려 한다. 지금 내가 아픈 건 내 몸이 보내는 마지막 경고일지 모른다. 이제는 외면하지 않겠다. 무너진 건 몸 하나였는데, 마음까지 무너졌던 날들. 누구보다 나를 사랑하고, 나를 지켜야 할 사람은 나 자신이다. 건강은 그 사랑의 시작이다. 나 자신을 사랑하기로 했다.

누울 수도,
일어설 수도 없었다

여름방학이 다가오는 어느 날, 학교에서 돌아오니 어머니가 방에 누워 끙끙 앓고 계셨다. 평소에 아프다는 말씀을 안 하시는 어머니기에 그 모습이 낯설고 걱정스러웠다. 그날 오전, 어머니는 시장에서 옷 수선하다 점심때쯤 집으로 돌아왔다고 하셨다. 방문 앞에 놓인 엄마 신발을 본 태균 엄마는 혹시나 하는 마음에 문을 열어보니 어머니가 식은땀을 흘리며 누워 계셨단다. 태균 엄마가 점심을 챙겨드리고 저녁밥까지 지어 놓았다. 태균 엄마는 그날 있었던 일을 내게 조심스럽게 전해 주었다. 며칠이 지나도 어머니는 자리에서 일어나지 못하셨다. 병원에 가자고 해도 괜찮다며 앓기만 하셨다. 방바닥은 뜨거웠는데도 어머니는 춥다며 두꺼운 이불을 덮고 계셨다. 속옷을 갈아입히려 보니 엉덩이 쪽에 커다란 물집이 생겨 있었다. 알고 있었냐고 물었더니 허리가 아파 돌아눕지를 못해 한쪽으로만 누워 있었더니 방바닥이 뜨거워 그런가 보다며 아무렇지 않은 듯 말씀하셨다. 순간 울컥했다. 할머니는 이모할머니 댁에, 태균 엄마는 어제 남편 면회 가고 집에 아무도 없었다고 했다. 약 사러 가는 길, 돌멩이를 발로 확 차고 싶었다.

그 당시 우리는 한 울타리에 열 가구가 모여 사는 다세대 주택에 살았다. 방 하나, 부엌 하나로 이루어진 집들이 다닥다닥 붙어 있었다. 그중 우리 집은 큰 방 하나에 작은방 하나가 있어 여섯 식구가 생활할 수 있었다. 마당 한가운데 공동 수도가 있어 아침마다 자기 집 앞에서 양치하고 세수했다. 겨울이면 수돗가에 물이 꽁꽁 얼어 세숫대야가 바닥에 붙었고, 따뜻한 물을 부어야 뗄 수 있었다. 머리 감고 수건으로 닦으려 하면 머리카락 끝에 살얼음이 맺히던 시절이었다. 그러던 어느 해 겨울 아침, 세수하러 나와 수돗가에서 쓰러졌다. 연탄가스 중독이었다. 옆집 아줌마들이 동치미 국물을 가져오고, 어머니가 부엌에서 뛰어나와 나를 끌어안고 동치미 국물을 먹였다. 다행히 의식은 있었다. 당시엔 그런 일이 가끔 일어났다. 한 아이가 쓰러지면 이웃들이 능숙하게 대처했다. 그런 일이 있고 나면 각 가정은 자신의 방을 점검하고 도배를 새로 하며 한바탕 소동을 피웠다. 위험했지만, 옹기종기 모여 사니 사람 냄새가 나던 시절이었다. 그때에는 해마다 겨울이 되면 그런 일로 인명 피해가 발생했다는 사실을 신문이나 뉴스를 통해 알았다. 그러나 그 집에서 몇 번의 겨울을 보내는 동안 우리 다세대 주택에서는 매스컴에 실리는 끔찍한 일은 일어나지 않았다.

　나는 언니, 오빠들이 있는 형제 많은 친구가 부러웠다. 내성적인 성격 탓에 친구 사귀는 일이 서툴렀다. 그래서인지 한번 맺은 인연은 오래간다. 고등학교 1학년 때, 친하게 지냈던 중학교 친구 미애를 만나러 원불교 교당에 간 일이 있었다. 어느 토요일 오후, 방과 후 종교 활동한다고 해서 가보았더니 미애는 보이지 않았고, 윤옥이가 나를 반기며 법회 참석하자고 했다. 은은하게 울리는 종소리, 정갈한 법당, 그 안의 고요한 분위기, 마음이 편안했다. 집에 돌아가는 길에 발걸음이 가벼웠다. 다음 주엔 남동생 섭이를 데리고 와야겠다고 생각했다. 나는 여동생 휘련이 있어 조금 덜 외롭지만, 섭이는 형제가 없어 늘 외로워 보였다. 그런데 섭이는 나보다 훨씬 사교적이고 적응도 빨랐다. 다른 학교 선배들과도, 친구들과도 금방 어울렸다. 너무 잘 어울리는 게 문제였다. 공부는 뒷전이고 온통 노는데 정신이 팔려 있었다. 어느 날 섭이는 친구들과 함께 우르르 집으로 몰려왔다. 축구공을 쫓아가다 1층 옥상에서 떨어졌다고 했다. 다리에 깁스했고, 머리도 부딪혔지만, 다행히 큰 이상은 없었다. 아이들은 어머니께 걱정하지 말라고 했지만, 다들 어딘가 불안한 표정이었다. 어머니는 아이들을 안심시키느라 "깁스는 시간이 지나면 낫는 거니 너무 걱정하지 마라."고 다독이고 저녁 먹여서 돌려보냈다. 며칠 후, 섭이는 아침에 자고 일어나더니 허리가 아프다며 병원에 다녀왔다. 디스크라고 했다. 할머니와 부모님은 삼대독자 귀한 아들이 허리를 다쳤으니, 걱정이 태산이었다. 수술은 엄두도 못 냈다. 형편도, 마음도 허락하지 않았다. 여러 곳을 수소문한 끝에 지압 치료 전문가를 찾았다. 다행히 정 선생님이 섭이를 꾸준히 치료해 주셨다.

1986년 어느 봄날 아침이었다. 양치하다 팔을 뻗어 컵에 물을 받으려는 순간, 허리에 전기가 통하는 듯한 통증이 왔다. 꼼짝할 수 없어 할머니를 불렀다. 부축받아 방으로 돌아와 다시 자리에 누웠다. 땀은 비 오듯 쏟아졌고, 온몸은 마비된 듯 움직일 수 없었다. 그날 나도 정 선생님 지압 치료받고 일어났다. 그때는 몰랐다. 그 순간이 내 허리 통증의 시작이었음을. 1990년 여름, 그 전날 지압 치료를 받았고, 방바닥에 그냥 앉기 힘들어 이불을 겹겹이 깔고 겨우 앉아 아침밥을 먹고 있었다. 아버지는 내 모습을 보시고 식사도 다 하시지 않고 수저를 놓으셨다. 몸을 아끼지 않는다며 야단치시고, 밥상을 들고 나가시다 허리가 삐끗하셨다. 그날 나는 이 방에, 아버지는 저 방에 누워 힘든 하루를 보냈다. 정 선생님이 우리 두 사람 모두 치료해 주고 가셨다. 어머니는 평생 힘든 일 하시다 허리를 다쳤고, 남동생은 사고로, 아버지는 무리로, 나 역시 반복된 통증으로 누워야 했다. 돌이켜보면 우리 가족은 약한 허리를 타고났을지도 모른다. 그때 내가 조금만 더 내 몸의 변화를 기록하고 관찰

했다면, 가족 건강에 관심 가졌더라면, 우리 가족 체질이나 건강 약점을 미리 알아챌 수 있지 않았을까. 몸이 보내는 작은 신호들을 흘려보내지 않고 귀 기울였더라면, 지금과 다른 삶이 가능하지 않았을까. 그 질문이 지금 마음 한구석에 남아 있었다. 어릴 적 아픈 어머니를 위해 아무것도 할 수 없었던 그날처럼 그저 말없이 고통을 견디고 있었다. 아픔은 어느 날 갑자기 찾아온 게 아니었다. 단지, 그 신호를 외면하고 있었을 뿐이었다. 우리 가족은 그렇게 말없이 무너지고 있었다. 이제는 더 이상 외면하지 않겠다. 예전의 삶과는 시대가 많이 달라졌다. 사회와 환경이, 생활이, 궁핍한 생활고에 시달려 건강을 생각하지 못하던 그때와는 달라졌다. 이제는 건강을 생각하며 사는 풍요로운 시대가 되었다. 지금 나부터, 나와 내 가족을 위한 건강한 미래를, 행복한 삶을 살아야 한다.

수술보다 더 아팠던
사람들의 무관심

　월요일 아침, 눈부시게 쏟아지는 햇살이 야속했다. 몸은 무겁고 마음은 힘들었지만, 병원으로 향했다. 어떻게 도착했는지 잘 기억나지 않는다. 시술하겠다고 입원했다. 간호사들이 자주 내 체온을 재러 왔다. 왜 이렇게 자꾸 재는지 물었더니 내 몸에 미열이 있어 코로나 감염 여부를 확인한다고 했다. 체온에 민감했던 시기였지만 걱정하지 말라고 하며 내 평소 체온이 37도라고 말했다. '괜히 말했나?' 싶기도 했다. 밤이 되고 병실 불이 꺼졌는데도 내 눈은 초롱초롱했다. 잠자리가 바뀌면 잠을 못 자는 편이라 그렇기도 했다. 조용한 병실에서 내 머릿속은 온갖 잡념들로 복잡했다. 내가 왜 여기에 누워 있을까? 자꾸만 생각이 꼬리를 물었다. 그동안 열심히 살아온 나에게 주어진 잠시 휴식 시간일까? 결정해야 할 마지막 기회일까? 시술로는 부족하다 했고, 나이 들어 수술하면 회복도 쉽지 않을 텐데, 이쯤에서 결단 내려야 하나? 스스로 끊임없이 몰아세우며, 모래성을 쌓고 무너뜨리는 밤이었다. 다음 날 아침, 남편이 일찍 병원에 왔다. 면회가 허용되지 않던 때라 복도에서 잠깐 만난 남편에게 밤새 고민한 이야길 꺼냈다. 당신 하고 싶은 대로 하라고 말했다. 진료실에서 의사를 만나 수술받겠다고 했다. 처음 진단받았을 때, 오른쪽 발가락 다섯 개와 발목까지 마비된 상태라는 말이 귓가에 맴돌았기 때문이다. 수술을 결심한 이유는 하루라도 빨리 이 통증에서 벗어나고 싶었고, 더는 해야 하나 말아야 하나 휘청거리는 자신과 싸우고 싶지 않아서였다.

정밀 검사가 시작됐다. 검사만으로도 몸이 지쳤다. 수술은 일주일 후로 결정되었다. 내 몸 상태가 좋지 않아 어느 정도 회복 후 수술해야 한다는 의사 설명이었다. 병실이 바뀌었다. 4인실 병실에 혼자 있었다. 간호사는 내일이면 병실이 가득 찰 거라며 오늘은 혼자 푹 쉬라고 했다. 오른쪽 발 마비로 휠체어를 타야 했기에 가능하면 움직이지 않았다. 평소 잘 눕지 않던 내가 하루 종일 누워 있으려니 목과 등까지 결리고 아팠다. 어깨도 물론이었다. 서면 앉고 싶고, 앉으면 눕고 싶고 누우면 자고 싶다고 했는데 그건 잠깐을 의미하는 말이고 하루 종일 누워 있으려니 그것 또한 고역이었다. 남편에게 책과 노트, 이어폰을 가져다 달라고 부탁했다. 더운 날씨에 땀 흘리며 가져온 남편 보니 미안했다. 우리 집에서 병원까지 지하철 두 번, 버스 한 번 갈아타야 했다. 걷는 거리도 만만치 않았다. 운전면허조차 없는 남편이 매일 병원까지 오가는 것은 쉬운 일이 아니었다. 혼자 집에 있으니 심심하고 내가 병원에 입원해 있으니 아무래도 신경이 쓰이는 모양이었다. 병원에 오지 말라고 해도 하루에 한 번은 꼭 병원에 왔다. 만나서 얘기도 못 하는 코로나 시절이라 복도에서 잠시 얼굴 보는 것이 전부였다. 얼굴이라도 보고 가야 마음이 편하다고 했다. 돌아가는 남편의 뒷모습이 유난히 쓸쓸해 보였다.

수술 당일, 아침부터 또다시 여러 검사가 이어졌고, 이동식 침대에 실려 수술실 앞에 도착했다. 남편은 한숨 자고 나면 끝나 있을 테니 너무 걱정하지 마라. 잘하고 오라며 용기를 주었다. 의사가 내게 혈액형을 물어봐서 RH-B형이라 대답했고 그 뒤로는 아무것도 기억나지 않는다. "이증숙 님, 눈 떠보세요."라는 소리에 겨우 눈을 떴다. 간호사와 의사, 남편이 희미하게 보였다. 의사가 뭐라고 말하는데 알아들을 수 없었다. 남편에게 걱정하지 말고, 집에 돌아가라는 말이 어렴풋이 들렸고 나는 다시 잠에 빠져 들었다. 얼마나 시간이 흘렀는지 모르겠다. 너무 추워 눈을 떴다. 이가 마주치는 소리가 들릴 만큼 몸이 떨렸다. 간호사가 이불을 덮어줬지만, 추위는 물러나지 않았다. 잠시 후 또 다른 통증이 몰려왔다. 허리에 불이 붙는 듯했다. 조금만 움직여도, 몸에 힘을 줘도, 뜨거운 다리미가 지나가는 듯한 고통이었다. 그 통증은 수술 전보다 훨씬 더 지독했다. 차라리 숨을 멈추고 싶었다. 한밤중, 움직이는 게 두려워 화장실 가는 일도 최대한 참았다. 몸은 차가운데 허리는 타는 듯한 이런 고통 속에서 수술 후 첫날 밤을 견뎠다. 다음 날 아침 의사를 불러 달라고 했지만, 휴가 중이라 3일 뒤에 온다고 했다. 간호사에게 허리 통증을 호소하니 약을 주었다. 효과가 없었다. 주사도 맞았다. 주사 역시 마찬가지였고 고통은 끝이 없었다. 결국 의사가 돌아온 뒤에야 아이스 팩 하나를 허리 밑에 놓아 주었다. 그토록 지독했던 지옥 같은 통증이 거짓말처럼 가라앉았다. 참을 수 없는 분노가 치밀었다. 겨우 아이스 팩 하나면 해결되는 일을 그 긴 며칠 동안 그토록 괴로워했던 환자의 고통에 귀 기울이지 않았던 이유는 뭘까. 간호사들은 왜 내게 아무런 조치도 취하지 않고 의사의 지시가 있을 때까지 방치했을까? 의료진의 무관심과 무책임은 환자에게는 또 다른 고통이었다. 환자를 불편과 고통 속에서 빠져나오게 하는 일이 그들의 임무가 아닌지, 과연 그들은 어떤 생각으로 환자를 대하는지 묻고 싶었다.

수술 후 일주일 정도 지나니 물리치료와 도수치료가 시작되었다. 휠체어 타고 치료실로 이동해 스트레칭, 운동요법, 마사지 치료를 받았다. 단조롭던 병원 생활에 루틴이 생겼고, 조금씩 적응해 갔다. 허리 보호대

착용하고, 보행 보조기 잡고 병원 안에 있는 공원을 산책했다. 처음 산책하러 갈 때 남편과 같이 갔다. 어떤 환자분과 남편이 인사를 나눴다. 그날 수술했던 사람이 이 사람이냐는 물음에 남편이 그렇다고 답했다. 남편이 수술실 앞에서 오랜 시간 기다렸다고 그 사람이 말해 주었다. 그제야 알게 되었다. 수술 시간이 길었다는 것을. 다음 날 회진 온 의사가 말했다. 요추 4, 5번, 천추 1번 나사 고정술을 했고, 생각보다 상태가 나빠서 수술 시간이 오래 걸렸다는 말이었다. 진료실에서 자세히 들은 설명은 예상보다 심각했다. 나는 내가 얼마나 아팠는지도, 수술이 얼마나 복잡했는지도 몰랐다. 그때 생각했다. 병원이란, 정말 환자의 고통을 이해하려는 곳일까? 의사는 기술자가 되어가는 건 아닐까? 나는 직업에 사명감이 필요하다고 믿었다. 행동에는 책임이 따르며, 인간적인 따뜻함이 그 바탕에 있어야 한다고 생각했다. 수술보다 더 아팠던 건, 아픈 사람을 대하는 '의료인으로서의 태도'였다. 나는 이 아픔을 통해 인간의 냉정함과 따뜻함을 동시에 경험했다. 이제 나는, 고통받는 이의 곁에 먼저 다가가 손 내미는 사람이 되고 싶다. 진짜 회복은 약이 아니라, 사람의 온기에서 시작된다는 걸 알았으니까.

4

무너져 내린 마음,
다시 일으켜 세우다

아침부터 비가 내린다. 쫙쫙 퍼붓는 여름비도 좋지만, 촉촉이 땅을 적시며 내리는 고요한 비도 예쁘다. 기분 좋게 내리는 비 덕분에 내 몸과 마음은 가벼워졌다. 비 오는 날은 내 생일이라고 농담하며 냉장고에 있던 과일과 음료수를 병실 사람들과 나눠 먹었다. 당뇨 환자가 있어 음식 나눌 때 조심스럽다. 나누는 즐거움은 비 오는 날의 차분한 병실을 환하게 밝혀 주었다. 코로나 팬데믹이라 병문안은 제한되어 보호자 얼굴조차 제대로 보기 힘들었다. 냉장고도, 내 마음도, 다른 환자들도 넉넉한 마음을 가졌기에 나눌 수 있었다. 비워진 냉장고 공간만큼 마음도, 몸도 여유가 있어야 가볍고 편하다. 내가 입원한 7층은 통합 병동이었다. 간호조무사가 상주했고, 건물과 건물을 이어 만든 작은 실외 공원도 있었다. 계단이나 엘리베이터 타지 않고 혼자 갈 수 있어 편했다. 병실은 답답했다. 침대에 앉는 것도, 눕는 것도 고역이었다. 허리에는 갑옷 같은 보호대를 착용하고 보행 보조기에 의지한 채 공원에서 보내는 시간이 많았다. 걷기 힘든 몸에도 마음이 무너지지 않았던 건 공원 덕분이었다. 내 옆 병상에는 남해에서 올라온 혜옥 씨가 있었다. 비슷한 또래여서 매일 같이 산책하며 살아온 이야기를 나눴다. 얼굴에 환한 미소와는 달리 혼자서 아이들을 키우며 살아왔다. 펜션 운영하는 그녀는 양쪽 무릎을 수술했다. 멀리서 딸과 며느리가 자주 병원에 들른다. 가져온 음식을 서로 나누는 병원 친구가 생겼다. 덕분에 하루가 지루하지 않았다.

   라인댄스를 함께했던 명숙 언니가 병문안을 왔다. 전복죽에 반찬까지 챙겨서 "사부님 몸은 좀 어때요?"라고 물었다. "언니 걱정하지 마세요, 딱 병원 체질입니다. 좋습니다."라고 농담하며 같이 웃었다. 그 뒤로도 언니는 일주일이 멀다 하고 음식을 해왔다. 시어머니 모시고 딸 셋 키운 엄마라 마음 씀씀이가 다른 사람들과 달랐다. 푸근하고 따뜻한 마음에 감사했고 미안했다. 우리 병실은 분위기가 좋았다. 모두가 환자이다 보니 서로에게 보호자의 역할까지도 마다하지 않았다. 한 사람이 외출하면 필요한 것들을 주문받아 사 오기도 했다. 병원 생활에 어느덧 익숙해졌다. 아침 7시에 일어나 산책하고 뉴스를 본 뒤 아침 식사를 했다. 10시에는 재활치료와 스트레칭, 점심을 먹은 후 다시 산책에 나섰다. 병실로 돌아와 잠시 병실 식구들과 이야기를 나누다 도수치료를 받으러 갔다.

저녁 식사 후 산책하고 뉴스를 시청한 다음 병실에서 쉬다가 자기 전 마지막으로 또 한 번 걸었다. 이것이 나의 하루 일정이었다. 남해 댁 혜옥 씨와 늘 함께 움직였다. 다른 두 분은 연세가 있으셔서 절반쯤만 동행했다. 하루는 길었지만, 그 일정 덕분에 병원 생활에 질서가 생겨 시간이 빠르게 흘러갔다. 낮잠은 자지 않았다. 혹시 밤에 잠을 설치면 어쩌나 하는 염려 때문이었다. 어느 날 점심 무렵 남편이 왔다. 외출 허락을 받고 병원 옆 돼지 국밥집에 갔다. 나는 그에게 밥 한 끼를 대접하고 싶었다. 병원 근처에는 국밥집밖에 없어 선택의 여지가 없었다. 외식을 꺼렸던 그가 땀을 뻘뻘 흘리며 국밥을 맛있게 먹었다. "맛있어요?"라고 물었더니 돌아온 "맛있다."라는 그 한마디가 낯설게 들렸다. 평소 정성껏 차려줘도 단 한 번도 맛있다고 말하지 않던 사람이었다. 그 말속에서 혼자 보낸 그의 시간이 느껴졌다. 밥은 잘 챙겨 먹느냐고 했더니, 라면도 끓여 먹고, 친정어머니가 보내준 반찬도 많이 있으니 걱정하지 않아도 된다고 그는 말했다. 사실 그는 라면조차 끓이지 못하는 사람이었다. 나는 그날, 퇴원하고 싶다는 생각이 들었다.

공원에 산책하러 나갔다. 아직 하루 오백 보도 넘기지 못했지만, 자세는 바르게 걸었다. 몇몇 어르신들은 내 허리 편 모습이 보기 좋다며 나를 따라 허리를 펴보겠다고 했다. 작은 동작 하나였지만, 누군가에게는 도전의 기회가 되었다. 그렇게 시간이 흘러 병실에 같이 있던 세 사람은 이틀 전 퇴원했다. 나도 곧 퇴원이었다. 우리는 서로에게 빨리 나아서 건강하라는 인사를 나누고 헤어졌다. 병상이 비자마자 새 환자들로 채워졌다. 조용한 병실 분위기는 사라졌다. 맞은편 환자는 연세가 많았고, 밤새 기침과 가래 소리로 병실이 뒤숭숭했다. 잠 못 이룬 나는 하룻밤만 참자고 스스로 다독였다. 아침이 오고, 진료 시간에 의사는 보행 보조기 없이 걸어보라고 했다. 걷지 못했다. 지팡이를 짚어야만 움직일 수 있었다. 의사는 퇴원을 연기하라고 했다. 당황했다. 걸을 수 없는 것도 충격이었지만, 이 병실에 더 있어야 한다는 게 싫었다. 퇴원을 고집했다. 지금까지 난 뭘 한 걸까? 치료도 빠지지 않았고 걷는 연습도 열심히 했지만, 발목과 발가락은 여전히 감각이 없었다. 허탈했다. 시키는 대로만 하면 나을 줄 알았다. 내 몸은, 내 마음만큼 따라주지 않았다. 결국 하루를 더 머무르기로 했다. 어떻게 해야 할지 몰랐다. 퇴원하라고 말할 때까지 있어야 하나, 이대로 퇴원해야 하나 망설였다. 그날, 먼저 퇴원했던 남해 댁 혜옥에게서 전화가 왔다. 셋이 함께 같은 재활병원에 입원했다고 하며 나에게도 그쪽으로 오라고 했다. 무릎 수술한 그들도 재활병원에서 한 달 정도 있어야 한다니 나도 재활병원으로 가야 하는 게 맞다고 생각했다. 그리고 이 상태로는 집으로 간다는 건 아니라는 생각이 들었다. 친정어머니가 어머니 댁으로 오라며 애타게 기다리고 계셨다. 코로나 때라 병문안도 못 오셨으니 내 상태를 당신 눈으로 직접 보고 싶었던 모양이었다. 다음날 재활병원으로 갈 작정을 하고 우선 친정으로 갔다. 친정어머니와 하룻밤 보내고 다음 날 아침, 어머니께 말씀드렸다. "내가 불편해서 안 되겠어요. 재활병원에 입원해야겠습니다. 요 근처로 갈 테니 걱정하지 마세요."라며 나는 재활병원에 입원했다. 또다시 병원 생활이 시작되었다. 익숙한 병원을 떠나 낯선 병원 생활 속으로 들어왔다. 예전의 병원처럼 나눔과 웃음이 필요했고, 아픔 속에서도 단단해지는 시간을 만들어야 했다. 내 마음에 따라 매일매일 새로울 수 있고, 변함없는 하루 루틴의 시간일 수 있다. 어떻게 생각하느냐에 따라 흔들릴 수 있다. 흔들림을 받아들여 버티고, 견디고, 다시 일어서는 힘, 그 모든 순간은 오직 나 자신에게서 나온다. 희망은 작아도 괜찮다. 걸음 느려도 괜찮다. 괜찮아질 것이라는 작고 단단한 믿음이 나를 다시 걷게 했다. 기다림의 시간은 헛되지 않았다. 작은 믿음 하나가 오늘을 버티게 하고, 내일을 기대하게 했다. 결국 나를 살린 건 거창한 희망이 아니라, 조금씩 나아질 거라는 자신을 향한 다독임이었다.

다시 꺼낸 꿈,
다시 걷는 하루

　재활병원은 우리 집에서 차로 30분 거리였다. 남편 친구가 원무과에 근무하고 있었기에 망설임 없이 입원을 결정했다. 아는 얼굴이 있다는 사실만으로 큰 위안이 되었다. 입원 절차를 마치고 병실에 들어서자마자, 현실을 실감했다. 수술은 끝났지만, 이제부터는 회복을 위한 또 다른 싸움이 시작된다는 걸 마음속 깊이 새겼다. 지금부터 다시 시작이다. 담당 주치의는 생각보다 젊었다. 수술받았던 병원에서 가져온 진료 기록과 영상 자료, 복용 중인 약과 골다공증 주사제 모두 전달했다. 그는 조용하지만, 단호한 목소리로 "3개월 안에 회복될 수 있도록 함께 치료에 집중합시다."라고 말했다. 짧은 말 한마디였지만 큰 울림으로 가슴에 남았다. 3개월 안에 회복하지 못하면 오래 걸린다는 말이 마음에 걸렸다. 그래서 다시 마음 다잡았다. '그래, 잘 이겨내야지, 할 수 있다. 나는 할 수 있다.' 그날부터 나는 병원에서 정해진 시간표에 따라 움직였다.

오전에는 물리치료, 오후엔 도수치료, 남는 시간엔 짬짬이 운동치료까지. 익숙하지 않은 공간이었지만 몸을 움직일수록 마음은 조금씩 편해졌다. 같은 병실에는 다리를 다쳐 입원한 중학생 여자아이가 있었다. 그 날은 병문안 오는 사람도 없이 혼자였다. 커튼을 두르고 하루 종일 있는 아이. 어린 나이에 아무도 없이 홀로 지내는 그 모습이 왠지 마음이 쓰였다. 입원 첫날 밤잠을 이루지 못했다. 낯선 침대의 불편함 때문인지, 아니면 마음속 깊은 곳에서 올라오는 막연한 불안 때문인지 알 수 없었다. 병실은 조용했다. 창밖에서는 자동차 소리가 요란하게 들렸다. 밤 10시쯤, 불이 꺼지고 모두 잠든 시간이었다. 조용히 천장을 바라보며 뒤척이고 있었다. 그때 조그만 목소리가 들렸다. "할머니, 무서운데 불 켜도 돼요?" 순간 놀라 얼떨결에 "응 괜찮아."라고 대답했다. 일어나 앉으며 "내게 한 말이니?"라고 묻자, "네"라고 대답하며 다가오는 아이. 손주가 없는 나였기에 낯설고 어색했지만, 그 모습이 귀여워 나도 모르게 미소가 지어졌다. 몇 학년이냐고 물었더니 중학교 2학년이라 했고, 자기 할머니는 예순두 살이라는 말에 웃음이 또 한 번 새어 나왔다. 세월의 흐름을 실감했다.

다음 날 오후 4시경, 명숙 언니가 양손 가득 무언가를 들고 들어왔다. 점심때 식당에서 먹은 삼계탕이 맛있어서 내게 먹이고 싶었다며 챙겨왔다. 병원 근처 사는 경애 언니도 반찬을 만들어왔다. 카트에 가득 담긴 반찬 보며 놀랐다. 병실 사람들과 나눠 먹어도 퇴원 때까지 다 먹지 못할 만큼 많았다. 결국 올케에게 가져가라고 할 수밖에 없었다. 이 더운 여름, 여러 사람에게 민폐를 끼치고 있다는 생각이 들었다. 미안하고 고마웠다. 타인을 배려하는 따뜻한 마음에 감동했다. 누군가는 병원 밥이 맛없다고 투덜댔지만, 나는 늘 감사하는 마음으로 먹었다. 영양사가 차려주는 밥은 약이라 생각했고 반찬 투정할 이유도 없었다. 어릴 때 증조할머니께서 "한 고개(목구멍)만 넘기면 되는데 까탈스럽게 굴지 마라."라고 하셨다. 정성 들여 만든 음식은 늘 감사한 마음으로 받아야 한다는 그 말씀은 지금까지도 가슴에 남아 있었다. 더구나 다른 사람 위해 반찬 만들어준다는 것이 쉬운 일은 아니었다. 오후에 도수치료와 운동치료 마치고 침대에 누워 잠시 쉬고 있었다. 병실 문이 열리며 또 다른 손님들이 찾아왔다. 동서대학 가요 전문 지도사 과정 노래 강사 선배들이었다. 4인조 〈동서지간〉이란 그룹이었다. 노래 실력은 물론 인기 있는 노래 강사 선배들이었다. 뜻밖의 손님이라 깜짝 놀랐다. 잠시 앉아 이야기를 나누다 자연스럽게 그들은 기타를 치고 노래를 시작했다. 나는 병실 문을 살짝 닫았다. 그들은 아주 작은 목소리로 노래했다. 은은한 4인조의 화음과 잔잔한 기타 소리는 병실을 따뜻하게 감쌌다. 어느새 옆 병실 환자까지 음악에 끌려 살며시 들어왔다. 결국 간호사가 왔다. 당시엔 코로나 시기였기도 했지만, 병원 규정상 병실 안에서 노래 부를 수 없다고 했다. 부르는 사람도, 듣는 우리도 아쉬웠지만, 그 짧은 시간은 내게 큰 위로가 되었다. 나는 노래 부르기보다는 듣는 걸 좋아한다. 그래도 언젠가는 노래 강사가 되어 사람들에게 즐겁고 힐링 되는 노래를 부르고 싶었다. 춤도 잘 못 췄지만, 열정 하나로 라인댄스 강사가 되었다. 많은 사람들이 나에게 댄스를 배우고 함께 즐거워하며 응원과 지지를 보내주었다. 노래도 마찬가지 실력이 중요하지만, 마음과 진심이 먼저라 생각한다. 그래서 언젠가 나도 누군가에게 위로가 되는 노래를 부를 수 있으리라 확신한다. 노래는 많이 부르면 잘하게 될 것이기에 걱정하지 않는다.

며칠 뒤, 복도 끝 물리치료실에서 나오다가 한 환자와 눈이 마주쳤다. 나보다 조금 젊어 보였는데, 목발을 짚고 힘겹게 걷고 있었다. 서로 어색하게 미소를 나눈 뒤, 그녀가 먼저 말을 걸어왔다. "오늘 몇 걸음이나 걸으셨어요?"라고 물었다. 나는 잠시 생각하다가 웃으며 대답했다. "오늘은 어제보다 두 걸음 더 걸었네요." 그녀는 고개를 끄덕이며 말했다. "저도 어제보다 한 걸음 더, 차츰 좋아지겠죠?", "그래요. 우리 그렇게 생각하기로 해요." 그녀는 교통사고 환자였다. 짧은 대화였지만 마음에 깊이 남았다. 우리는 큰 목표를 향해 가고 있지만, 하루에 단 한 걸음을 더 내딛는 것이 회복이자 인생이라는 사실을 깨달았다. 병원 복도를 함께 걷던 그 순간은 단순한 재활의 과정이 아니라, 다시 살아가는 희망을 확인하는 순간이었다. 선배들의 방문으로 병원에 있으면서 잠시 잊고 있던 내 꿈이 다시 떠올랐다. 춤추며, 노래하며, 봉사하는 인생. 그런 인생 후반전을 나는 꿈꿔 왔다. 선배들의 병문안과 교통사고 환자와의 짧은 대화는 그 꿈을 다시 꺼내 보게 만든 계기였다. 이제 다시 생각해 본다. 나는 앞으로 어떤 목표를 가지고 살아가야 할까. 여전히 춤추며, 노래하며 봉사하는 삶을 계속 살아갈 수 있을까? 아니면, 새로운 방향을 찾아야 할까? 머릿속이 복잡해질수록 복도를 천천히 걸었다. 지팡이에 의지해 한 걸음, 또 한 걸음, 마치 내 삶의 방향을 다시 정리하는 듯한 기분으로 걸었다. 비록 지금은 멈춘 것처럼 보일지 몰라도, 멈춰 선 지금이 끝이 아니라는 걸 배웠다. 보이지 않던 수많은 것들이 보이기 시작하고, 들리기 시작했다. 빨리 가는 게 최선인 것처럼 살 때는 들리지 않던 세상의 소리, 땅 소리, 산속 나뭇잎 소리, 길을 걸을 때 발자국을 따라 움직이는 작은 소리, 천천히 멈춘 듯할 때 더 깊고 깊은 소리가 들렸다. 걷는 속도가 느려도 괜찮다. 꿈이 멀게 느껴져도 괜찮다. 방향만 잃지 않는다면, 끝까지 포기하지 않고 버텨낸 사람은 다시 시작한다. 언제든 다시 시작할 수 있다. 삶은 반드시 또 한 번 우리에게 용기를 선물할 것이다.

감사로 시작한
아침 루틴

　같은 병실을 쓰던 중학생 정아는 퇴원했다. 그 자리에 새로 들어온 환자는 정아 할머니였다. 60대 초반이라는데 깊게 파인 얼굴 주름, 까무잡잡한 피부 탓인지 첫인상은 70대 중반처럼 보였다. 강아지를 세 마리나 키운다고 했다. 그 강아지를 돌봐야 하므로 정아를 퇴원시키고 자기가 입원했단다. 정아 할머니는 어깨 통증이 심해 수술을 앞두고 있었다. 그 고통으로 인상 쓰고 끙끙거리는 모습은 꼭 아픈 강아지 모습처럼 보였다. 힘들어하는 모습이 안타깝기도 했지만, 정신이 혼란스러워 지팡이 짚고 병실을 나왔다. 정아를 보고 있을 때도 마음이 편치 않았다. 병실을 드나들던 남학생과 정아가 떠드는 모습을 보면 목소리도 크고, 행동도 산만했다. 그런 행동들을 보고 있자니 마음이 불편했다. 이제는 그 원인을 알 것 같았다. 정아의 행동은 어디서 비롯된 것인지, 그 불안한 기운의 근원을 그녀의 할머니를 통해 조금은 이해할 수 있었다. 병실 내 답답한 공기가 싫어 밖으로 나왔다. 병원 밖 세상 보니 속이 시원했다. 따가운 햇살이 내리쬐었지만, 그늘은 시원했다. 거리를 걷는 사람들 모습을 유심히 봤다. 바른 자세로 걷는 사람, 빠른 걸음으로 경쾌하게 움직이는 사람이 부러웠다. 나도 그렇게 걷기 위해 매일 연습하고 있다. 걷기에 집중하다 보면 혼란스러웠던 마음이 조금씩 정리된다.

나는 잘 넘어졌다. 2019년 10월 2일. 사직동에 있는 체육관에서 가요 전문 지도사 과정 교수의 콘서트가 있었다. 중간에 나와 친정으로 향하던 길이었다. 약간 경사진 인도의 보도블록에 걸려 넘어졌다. 무릎과 팔꿈치가 '뚜 뚝', '쿵' 소리가 날 정도로 세게 넘어졌다. 민망함에 얼른 일어나 멀리 날아간 가방에 흩어진 소지품을 주워 담아 서둘러 자리를 벗어났다. 발도 아팠지만, 샌들 끈이 끊어져 걷는 게 더 불편했다. 친정집에 도착해서 얼음찜질하려고 아픈 곳을 보니 부상이 심하다는 걸 알았다. 왼쪽 복숭아뼈가 부었고, 무릎과 손바닥은 벌겋게 부었으며 피멍이 들어 있었다. 발목은 심하게 부어올라 얼음찜질로는 안 되겠다는 생각에 병원으로 향했다. 엑스레이 결과, 발등에 금이 가고 발목 인대가 늘어난 상태였다. 전치 8주 진단이었다. 왼쪽 발목에 깁스해야만 했다. 복지관 수업이 걱정이었다. 명숙 언니와 현숙 씨의 도움으로 걱정은 해결됐다. 그날 밤 허리가 심하게 아팠다. 그때는 단순히 넘어진 충격으로 아프다고만 여겼다. 대신동에서 지은 상비약 한 첩을 꺼내 먹었다. 소용이 없었다. 수소문하여 해운대의 장산역 부근에 있는 정형외과에 가서 주사를 맞았다. 도수치료와 물리치료를 같이 하고 왔다. 통증이 줄어 그 날 밤은 잠을 잘 잤다. 주사는 이틀에 걸쳐 연달아 두 번 맞았다. 이 부상은 8개월 뒤 결국 허리 수술로 이어지는 시작이 되고 말았다.

　도수치료를 마치고 병실로 돌아오니 정아 할머니는 자고 있었다. 조심스럽게 내 자리로 돌아와 누웠다. 복도를 걸을 때마다 지팡이 끝 고무가 닳아 똑똑 소리가 났다. 문득 예전에 들었던 이야기가 떠올랐다. 어떤 회사 사장은 여직원들이 하이힐 신고 걸을 때 나는 딱딱 소리가 거슬려서 조용히 걷는 연습을 시켰다고 했다. 거슬리는 사람이 있겠다는 생각에 남편에게 지팡이 끝을 갈아달라고 부탁했다. 며칠이 지나고 나니 정아 할머니는 자신의 이야기를 하나둘 풀어놓기 시작했다. 어린 시절, 계모 손에 자랐고 그 환경을 벗어나기 위해 열여덟 살이 되던 해 결혼했단다. 남편은 몸이 약해 병치레만 하다 결혼 2년 만에 세상을 떠났다. 시집에 머물러 있을 수 없어 홀로 부산으로 왔고 신발공장에서 두 번째 남편을 만났다. 그는 술에 취하면 폭력적인 사람이 되었다. 이혼하려 했으나 정아 아빠를 임신하면서 이혼하지 못하고 그냥 살았다. 그 남편도 출산 임박한 시기에 세상을 떠났다. 남편 죽음이 슬프기보다 잘 됐다, 좀

편하게 살겠다고 생각될 만큼 그녀 인생은 늘 고단하고 쓸쓸했다. 정아 아빠는 몇 년째 소식이 없어 지금은 홀로 정아를 키우며 살아가고 있다. 말썽꾸러기인 정아를 힘들어하면서도 자신이 감당해야 할 몫이라 생각하며 정아를 안고 살아간다고 한다. 세상살이가 참 고단한 사람이었다. 텃밭 가꾸고 강아지들과 함께 있는 시간이 행복하다고 웃는 그녀. 그 웃음 뒤에는 메마른 눈물과 사라지지 않는 외로움이 남아 있었다. 친정과도 연락이 끊긴 지 오래되었고, 보고 싶은 사람도, 원하는 것도 없단다. 다만 강아지들이 세상을 떠난 뒤에야 자신도 눈감고 싶다는 말을 담담하게 했다. 그녀의 야윈 어깨가 가여워 보였다. 침대에 누운 모습은 마치 초등학생처럼 작고 가냘팠다. 병실 불을 끄고 침대에 누웠다. 창밖에서 들려오던 자동차 소리도 점차 잦아들었다. 지금처럼 고요하고 조용한 평화로움이, 저 건너 누워 있는 정아 할머니 마음에도 평화가 오기를 기도하며 이불을 턱밑까지 끌어당겼다.

다음 날 아침 정아 할머니 수술하는 날이다. 기분이 어떤지 다가가 물었다. 무섭고 겁난다며 인상을 찌푸렸다. 자고 일어나면 끝나 있을 테니 걱정하지 말고, 잘하고 오라는 말로 응원해 주었다. 수술실로 가는 모습을 보고 병원 주위를 한 바퀴 돌고 물리치료실로 갈 생각이었다. 여느 때와 다름없는 하루였지만, 마음은 달랐다. 매일 반복되는 일상이 지루하게 느껴져 재미없는 내 인생이라 생각했다. 어제, 오늘 정아 할머니를 보면서 생각이 달라졌다. 아무 일도 일어나지 않는 지금, 이 순간 사랑하는 가족이 곁에 있고, 비록 지팡이를 짚고 걷고 있지만 걸을 수 있고, 숨 쉴 수 있다는 사실만으로도 얼마나 감사한 일인지 새삼 느낄 수 있었다. 나는 한 걸음, 한 걸음 걸을 때마다 반복해 말했다.

"감사합니다. 감사합니다. 감사합니다."

별일 없이 흘러가는 하루가 가장 큰 축복이라는 걸 이제는 안다. 걸을 수 있고, 숨 쉴 수 있고, 누군가의 이름을 부를 수 있다는 것만으로도 충분히 감사할 이유를 가진다. 내가 가진 모든 것이 기적처럼 느껴지는 순간이었다. 그 기적은 멀리 있지 않았다. 지금, 이 순간 감사하는 마음으로 하루를 시작할 수 있다는 사실. 이것이 기적이다.

7

고통이
삶을 흔들 때

비 오는 날에는 병원 밖으로 나갈 수 없어 복도를 걷는다. 똑, 똑, 똑 걸을 때마다 울리는 지팡이 소리가 조용한 병원 복도에 퍼졌다. 마치 내 안의 공허함을 두드리는 소리 같았다. 다시 병실로 들어와 지팡이를 세워두고 보행 보조기를 잡았다. 오늘같이 지팡이 소리가 거슬릴 때는 지팡이보다 무겁고 불편한 그것이 차라리 편하게 느껴졌다. 예민한 성격이 아니라 생각했는데 그렇지 않은 모양이었다. 빨리 나아야 한다는 조급함이 머릿속을 채우고 있었다. 그래서일까 발가락 하나, 발목 하나 움직임에 지나치게 신경이 쓰였다. 다섯 개의 발가락은 미동도 하지 않았고 감각도 없었다. 허리 굽히기 힘들어 시시때때로 핸드폰 거치대를 이용해 가려운 부위를 긁기도 하고 발가락 마사지도 했다. 이제 그 거치대는 내 운동 기구가 되었다. 짐볼 위에 다리를 올리고, 발가락에 힘줬다 빼기를 반복했지만, 발가락은 여전히 꼼짝도 하지 않았다. 발목도 마찬가지였다. 이 움직이지 않는 발가락은 도대체 언제쯤 살아날까. 실내 슬리퍼조차 신을 수 없었다. 간신히 신었더라도 걷다 보면 벗겨지기 일쑤였다. 벗겨진 슬리퍼를 신기 위해 돌아서서 다시 신어야 하는 초라하고 쪼그라드는 내 모습이 싫었다. 물리치료실과 운동치료실을 오가며 열심히 연습했지만, 지팡이 없이는 걷지 못한다는 사실에 나는 좌절했다. 그럼에도 나는 매일 밤, '내일 아침이면 지팡이를 버릴 수 있겠지!'라는 희망을 품고 잠들었다. 아침이 와도 달라진 건 없었다. 내 걸음걸이는 수술 후와 별반 다르지 않았다. 퇴원하면서 예약한 외래 진료를 위해 남편과 함께 다시 수술한 병원을 찾았다. 병원은 사람들이 많지 않았다. 진료실 앞에서 한 남성이 반갑게 인사를 했다. 자신도 이 병원에서 수술했고 7층 공원에서 내가 걷는 모습을 봤다고 했다. 당시에는 내가 너무 잘 걸어서 부러웠는데 지금 왜 지팡이를 짚고 있느냐고 물었다. 그 말을 듣는 순간 나는 얼어붙었다. 대답하지 못한 채 진료실로 들어갔지만, 그 말이 마음에 남았다. 담당 의사는 엑스레이상으로는 이상 없이 잘 아물어 가고 있으며 시간이 좀 더 걸릴 것 같다는 말만 했다. 진료를 마치고 나오며 혹시 그 남성이 있는지 두리번거렸지만, 이미 떠나고 없었다.

재활병원으로 돌아오는 길이 멀게 느껴졌다. 30분 정도 걸리는 거리였지만, 택시로 이동하는 시간은 한없이 길었다. 허리에 갑옷 같은 보호

장구를 착용하고 있었지만, 택시의 흔들림은 괴로웠다. 울퉁불퉁한 도로 위, 흔들릴 때마다 고통은 컸다. 앞좌석을 양손으로 꽉 붙들고 허리에 충격이 가지 않도록 조심해야 했다. 병실에 도착하자마자 침대에 누웠다. 점심 식사도 귀찮아 먹지 않았다. 무더운 날씨까지 더해지니 온몸이 축 처졌다. 병실엔 정아 할머니도 없었다. 조용한 병실 안에서 나도 모르게 눈물이 흘렀다. 무언가 슬픈 일이 있었던 것도 아닌데, 마음속에 쌓여 있던 공허함이 밖으로 터져 나온 듯했다. 자고 나면 좀 나아질 거라는 생각에 남편에게 잘 테니 집으로 가라고 말하고 돌아누웠다. 얼마나 지났을까. 시끄러운 소리에 잠에서 깼다. 정아가 와 있었다. 아르바이트해서 번 돈으로 할머니에게 통닭을 사 왔다며 내게도 한 조각 나눠주었다. 고마운 마음에 냉장고에서 수박과 과자를 꺼내 정아에게 건네주며 물었다. 집에 가니 좋으냐고 물었더니 강아지들 때문에 못 살겠단다. 아무 데나 똥 싸고, 오줌싸고 개 뒷바라지하느라 정신없다며 잔소리 들어도 차라리 할머니 뒷바라지가 낫겠다는 말에 우리는 한바탕 웃었다. 정아가 돌아가고 나니 병실은 다시 조용해졌다. 정아 할머니는 TV를 보았고 나는 운동치료실로 향했다. 짐볼 위에서 거울 속 내 모습을 바라보니 참으로 처량해 보였다. 머리는 희끗희끗했고 단정하지 못하게 늘어져 있었다. 미장원에 가야 하나 생각해 봤지만, 몇 시간 동안 꼼짝못 하고 앉아 있을 엄두가 나지 않았다. 다음 날 물리치료사에게 미장원

가도 되겠냐고 물으니, 지금 헤어스타일 예쁘다고 했다. 그렇다면 미장원은 다음에 가기로 했다.

  수술 후 세수를 제대로 할 수 없어 물티슈로 얼굴을 닦는 날이 많았다. 그러다 보니 예전부터 앓던 피부염이 재발했다. 특히 이마와 코 주위, 흔히 말하는 티존 부위가 벌겋게 두드러기처럼 올라왔다. 잠을 푹 자고 나면 괜찮아졌지만, 그렇지 않은 날에는 어김없이 붉은 기운이 심하게 나타났다. 벌써 수십 년째 이어온 고질병이다. 몸이 예민해지니 마음까지 날카로워졌다. 사소한 일에도 짜증이 났다. 남편이 카레를 한가득 만들어 왔길래 잘 먹지도 않는데 많이 가져왔다고 투덜거렸다. 나는 병원 식사만으로도 충분하다고 말했는데 굳이 만들어 온 카레가 부담스러웠다. 결국 그 카레는 나 혼자 먹어야 했다. 없애야 한다는 생각에 짐처럼 느껴졌다. 남편의 마음이 고마운 줄 알면서도 그 순간 감사보다 짜증이 먼저 났다. 그런 나 자신이 싫었다. 오늘도 걷기를 계속했다. 이제는 지팡이 짚는 손목과 어깨까지 아팠다. 물리치료사에게 말했더니 찜질팩과 고주파를 이용해 치료를 해주었다. 아픈 곳이 하나둘 더 늘어났고 먹는 약의 수도 점점 늘어났다. 원래는 최소한의 약만 먹으려 했는데 약봉지들이 하나둘 쌓여갈수록 마음이 무거웠다. 치료고 뭐고 포기하고 집으로 가고 싶다는 생각이 들었다. 책을 읽으려고 폈는데 글씨가 잘 보이지 않았다. 지금까지 돋보기 없이 책을 읽었는데 돋보기를 껴도 글이 보이지 않았다. 왜 이러는 걸까. 노트를 펼쳐 글을 쓰려했지만, 노트의 줄이 보이지 않아 포기했다. 결국 책도, 노트도 포기하고 다시 보행 보조기를 잡았다. 어두컴컴한 복도가 싫어 아예 병원 밖 주차장으로 나갔다. 날씨는 무더웠지만 마음은 시원했다. 걸으며 어수선한 마음을 정리했다.

더운 날씨에 카레를 만들어 병원까지 가져온 남편에게 부린 짜증. 어깨와 손목 통증, 긴 머리에 추레한 내 모습, 흐릿해진 시력, 억울한 듯 행동한 나 자신까지. 오늘 하루, 감정에 휘둘리며 많이도 흔들렸다. 병원 입구 편의점에서 아이스 아메리카노 한 잔을 받아 의자에 앉았다. 한 모금 마셨다. 덜 흔들렸으면 좋겠는데. 오늘따라 커피 맛도 없다. 남겨두고 일어났다. 보행 보조기를 짚고 병실로 올라왔다. 불 꺼진 병실에는 아무도 없었다. 나는 다짐했다. 지팡이에 기대어 걷는 나를 초라하게 보지 않겠다고. 오늘은 지쳤고, 흔들렸고, 눈물도 흘렸지만 그래도 내일은 또 걸을 것이다. 조금 느려도, 조금 아파도, 나는 앞으로 나아간다. 회복이라는 목표를 향해 나는 오늘도, 걷는다.

한 걸음,
다시 세상으로 나아가다

남편이 아침 일찍 병원에 왔다. 며칠 전부터 냉장고를 비우며 버릴 물건들을 정리해 두었다. 퇴원 준비하며, 모든 것을 깔끔하게 마무리 지었다. 오전 치료 마치고 병실로 내려오니 짐은 병원에 처음 왔을 때보다 더 많아져 있었다. 그 짐 속에는 병원 생활의 시간이 고스란히 담겨 있었다. 병원을 나서니 거리 풍경이 눈에 들어왔다. 팔월 초의 뜨거운 햇살 아래, 사람들은 바쁘고 활기차게 움직이고 있었다. 그 풍경 속에 나를 그려 넣었다. 나도 그들과 함께 다시 걷고 움직이고 싶었다. 잠시 잊고 있었던 일상, 내가 매일 걷던 익숙한 길이 오랜만이라고 반기는 듯했다. '나도 이제부터 다시 걸을 거야. 잘 부탁해.'라고 인사했다. 아파트 현관 로비에 들어서서 엘리베이터 기다리는 동안 가슴이 두근거렸다. 이사 왔을 때 떨림과는 또 다른 설렘이었다. 현관문을 열고 들어서자, 집안 공기와 물건들이 나를 맞아주었다. '왜 이제 왔어?'라며 오랜 친구처럼 반가움과 투정을 동시에 부리는 듯했다. 내가 쓰던 물건들을 하나하나 만졌다. 침대는 여름옷으로 예쁘게 단장하고 나를 기다리고 있었다. 손으로 가만히 쓰다듬으며 속삭였다. '미안해, 그리고 고마워, 정말 보고 싶었어. 네 덕분에 내가 편안했단 걸 이제야 알았단다.'라며 침대에 누웠다. "아 정말 좋다!"는 감탄사가 절로 나왔다. 남편은 그동안 고생했다며 나를 위로해 주고 병원에서 가져온 물건들을 정리하기 시작했다. 그의 뒷모습이 짠해 미안하고 고마웠다. 병원 생활에서 불편했던 일은 머리 감거나 샤워하는 일이었다. 정해진 요일과 시간에 도우미의 도움을 받아야만 가능했다. 그러나 집으로 돌아온 현실도 마냥 자유롭진 않았다. 무엇 하나 마음대로 할 수 없었고, 남편 도움 없이는 움직이기조차 힘들었다. 남편을 힘들게 하지 않으려면 내가 최대한 움직이지 않아야 했다. 병원에서는 의료진과 간병인, 주위 보호자들이 도와주기도 했지만, 지금은 모든 일이 남편에게 집중되었다. 그게 너무 미안했다. 차라리 병원에 조금 더 있다가 퇴원할 걸 하는 후회가 마음 한구석에 들었다.

통원 치료를 위해 오랜만에 차를 탔다. 핸들에 손을 얹으며 '오랜만이야.'라며 속삭였다. 다행히 운전은 가능했다. 병원 가는 길은 익숙한 길이라 운전해도 괜찮다고 남편을 안심시켰다. 오히려 대중교통보다 운전이 더 편했다. 라디오를 켜니 양희은 목소리가 흘러나왔다. 경쾌한 목소리 들으며 씩씩하게 출발했다. 퇴원할 때와는 또 다른 거리 풍경이 눈에 들어왔다. 여름 햇볕 받은 나무들은 짙고 풍성한 잎으로 그늘을 만들어, 지나가는 사람들에게 시원한 바람을 제공해 주었다. 창문 열자 뜨거운 바람이 훅 들어왔지만, 그조차도 상쾌하게 느껴졌다. "이 정도면 한여름 바람으로 최고지."라고 했더니 남편이 웃었다. 도착한 병원 주차장은 기계식 구조라 목발 짚고 움직이기엔 불편했다. 주차요원과 남편 도움으로 겨우 나왔다. 미안합니다. 다음에는 아무 곳이나 세우고 자동차 키만 주고 가시라고 했다. 주차요원의 따뜻한 말에 가슴 뭉클했다. 물리치료실은 시원하다 못해 추웠다. 운전하며 긴장했던 몸이 조금 풀린 듯했다. 퇴원하니 어떠냐는 치료사의 물음에 나도 불편하지만, 남편이 더 불편하고, 꼼짝하지 못하고 붙잡혀 있어야 하니 미안하다고 답했다. 치료사는 보호자의 스트레스가 상당하니 잘하라고 당부했다. 잘해주고 싶지만, 지금 내가 할 수 있는 건 아무것도 요구하지 않는 것뿐이었다. 순간 '다시 입원해야 하나?' 하는 생각이 스쳤다. 치료를 마치고 주차장으로 갔더니 주차요원이 차를 출구까지 가져다주었다. 감사하다 인사하고 차에 올랐다. 집에 돌아와 침대에 누웠다. 남편은 카레를 준비하고 있었다. 내가 카레 좋아하지 않는다는 걸 알면서도 카레를 만들었다. 사실 남편이 할 줄 아는 요리가 카레와 짜장뿐이다. 오늘부터 식사는 카레, 짜장, 라면으로 정해진 셈이다. 어쩌겠는가, 그가 할 수 있는 최고의 요리인 것을. 내가 요리를 할 수 있을 때까지 감사하며 먹어야 한다. 내가 먹고 싶은 것은 내 몸이 회복되면 손수 해서 먹거나, 식당 가서 먹기로 작정했다.

우리 아파트는 산속에 있다. 여름이면 시원하고, 겨울엔 춥다. 뒤쪽 베란다에서 아래를 내려다보니 어린이 놀이터에 아무도 없었다. 모자와 마스크를 하고 보행 보조기를 들고 나갔다. 남편은 손 선풍기와 부채, 손수건을 챙겨 따라 나왔다. 놀이터 가는 길은 계단과 비탈이 있어 쉽지 않았다. 도착하자 머리에서 이마로 땀이 줄줄 흘렀다. 마스크를 벗고 나니 숨 쉬기가 한결 편했다. 등나무 그늘 밑에 앉아 숨을 골랐다. 놀이터에는 어른을 위한 운동 기구도 몇 개 있었다. 보조기를 짚고 놀이터 안쪽 트랙을 천천히 한 바퀴 돌았다. 남편은 혹시 넘어지기라도 할까 봐 천천히 조심스럽게 내 옆을 따라왔다. 평소 운동이라고는 안 하는 사람이다. 휴일이면 리모컨만 들고 누워 있던 그가, 한낮 뙤약볕 아래 나를 따라 걷고 있었다. 미안함과 고마운 마음이 동시에 밀려왔다. 그러나 어찌하겠는가. 이 현실을 받아들여야만 했다. 1시간쯤 걷고 집으로 돌아왔다. 땀이 비 오듯 쏟아졌다. 샤워를 혼자 할 수 없어 남편이 도와줬다. 나는 미안한 마음에 샤워는 하루에 한 번만 하겠다고 했더니 여름에 두세 번은 기본이지 평소 하던 대로 하자며 웃었다. 그 말이 얼마나 위로가 되었는지 모른다. 병원에서 하던 걷는 연습과 야외에서 걷는 운동은 비교할 수 없을 만큼 달랐다. 운동량과 에너지 소모가 몇 배는 더 들었다.

　남편은 집안일 전부를 도맡았다. 요리, 설거지, 청소, 빨래, 재활용 분리수거, 음식물 쓰레기 처리까지. 내가 도울 수 있는 일이 하나도 없었다. 그저 아무 일도 하지 않는 게 최선이었다. 부엌에서 저녁 준비를 서두르는 남편에게 "더운데 하지 말고 사 먹읍시다."라고 했지만, 그는 말없이 손을 움직이고 있었다. 부부란 가장 소중하고, 때론 가장 힘든 존재라는 걸 이 시기에 절실히 느꼈다. 내가 건강해야, 남편이 건강해야, 우리 집에 평화가 유지된다는 걸 새삼 깨달았다. 사랑은 요란한 말보다, 반복되는 손길에 담겨 있다. 카레 한 그릇, 보조기 잡아주는 손, 땀을 닦아주는 부채질, 남편의 손길이 없었다면 나는 단 한 발짝도 내디딜 수 없었을 것이다. 함께 살아간다는 건, 짐이 아닌 동행이 되어주는 것임을 배웠다. 그를 통해 나는 다시 걷고 있다. 그리고, 오늘도 말없이 사랑을 요리하는 그 사람에게, 매일 감사한다.

2장

몸을 바꾸는 습관,
삶을 바꾸는 지혜

　　나이 듦은 두렵고, 몸의 변화는 무거운 그림자처럼 다가왔다. 작은 습관 하나가 병을 키웠고, 체중의 변화가 삶을 흔들었다. 그 안에서 나는 몸이 보내는 신호를 알았고, 마음을 바꾸면 몸도 달라진다는 사실을 깨달았다. 이제는 괜찮은 척을 내려놓고, 춤과 웃음에서 배운 열정으로 새로운 삶에 도전장을 내밀었다. 나이는 상관없다. 어떤 태도로 사는가가 중요하다.

✳
✳
✳

나이 드는 게
두려웠다

2011년 7월 초. 친정에 들렀더니 1월에 제대한 조카 재홍이가 있었다. 오랜만에 같이 점심을 먹으며 복학하지 않은 이유를 물었다. 잠시 망설이더니 해외 봉사를 계획했으나 마음먹은 대로 되지 않아 상반기를 그냥 흘려보냈다고 털어놓았다. 하반기를 어떻게 보내야 할지 고민 중이라며 불안한 마음을 감추지 못했다. 하고 싶은 게 뭔지 물었더니 폴란드에서 한 달살이를 하고 싶다고 했다. 나는 스물두 살이면 충분히 혼자 갈 수 있으니 혼자 가라고 했다. 재홍이는 부모님과 조부모님께서 혼자 가는 걸 반대하시고, 스스로 혼자는 자신 없어 했다. 친구들과는 경비, 시간, 부모 허락 등 여러 문제가 있어 같이 갈 수 없는 형편이었다. 조심스럽게 친정 부모님께 "재홍이 혼자 다녀오라 하지요?"라며 마음을 떠봤다. "얘가 무슨 소리하니? 안돼." 아버지의 단호한 한마디에 "그럼, 내가 같이 가면 보내주시겠어요?" 묻자, "그래 네가 같이 가면 보내주지."라며 두 분 모두 대찬성이었다. 마침, 나도 직장 생활을 끝내고 집에서 쉰 지 한 달쯤 된 터였다. 옆에 있던 재홍이는 환호성을 지르며 "고모같이 가요!"라고 했다. 덩달아 나도 모르게 마음이 설렜다. 문제는 남편이었다. 과연 남편이 허락해 줄까? "재홍이 휴학 기간을 헛되게 보내면 안 되잖아요. 같이 갔다 오게 해줘요." 그날 저녁 퇴근한 남편과 저녁 식사를 하며 친정에서 있었던 이야기를 꺼냈다. "언제 가는데?" 묻길래 "그건 아직 잘 몰라요. 재홍이에게 물어봐야 해요.", "알았다."라는 답을 듣는 순간, 겉으로는 아무렇지 않은척했지만, 속으로는 '야호!'를 외쳤다. 그렇게 남편 허락까지 받았고, 이제는 재홍이와 여행 전략이 필요했다. 다음 날 재홍이를 집으로 불렀다. 나보다도 더 들뜬 재홍이는 구체적인 계획을 세우기 시작했다. 수원에 사는 여동생 휘련이에게 얘기했더니 "나도 같이 가고 싶다. 부럽다."라고 말했다. "네 덕분에 가는 거야. 고마워." 사실, 연이가 언니가 같이 가라고 먼저 말해 준 게 힘이 되어 부모님께 말씀드릴 수 있었다. 여행 계획은 점점 커졌다. 재홍이는 폴란드에서 한 달살이를 원했지만, 해외여행 경험이 많았던 연이 조언에 따라 일정은 변경되었다. 어른들의 조언이 아이의 계획을 바꾼 셈이지만, 그래도 재홍이는 신나게 준비하고 있었다. 해외에서의 여행 기간은 33일. 인천에서 출발하고 도착하니 수원 연이 집에서 자야 해서 총 35일이 되었다.

긴 여행이었다. 동유럽 6개국을 여행하며 유럽의 매력에 푹 빠졌다. 가는 곳마다 보존된 문화재를 보며 역사와 전통을 소중하게 여기는 그들이 부러웠다. 블타바강이 체스키크룸로프를 S자로 휘감고 흐르는 아름다운 정경을 보며 자연의 신비로움을 만끽했다. 버스 타고 여행하던 중 프랑스 아저씨에게 얻은 정보에 따라 폴란드의 최대 항구도시 그단스크로 이동했다. 그단스크에는 오래된 선박박물관이 있었다. 조카들이 해군 출신이라 나도 선박에 대한 관심이 많아 박물관으로 들어섰다. 전시실 안에는 세계 여러 나라의 전통 선박들이 모형으로 전시되어 있었다. 그중 하나는 마치 이순신 장군의 거북선을 연상케 했다. 나는 그 앞에서 자리를 뜨지 못하고 한참 서 있었다. 우리 조상님의 업적이 이 먼 땅에서도 빛나고 있다는 생각에 마음이 벅차올랐다. 밖으로 나와 재영이에게 전화를 걸어 "여기 거북선이 있어!" 그 순간 느낀 감격은 지금도 잊히지 않는다. 이 여행을 통해 '여행의 참맛'을 알게 되었고 그 후로는 기회가 있을 때마다 낯선 길을 두려워하지 않게 되었다. 여고 동기들과 32년 만에 첫 동기회를 가졌다. 장소는 김해 장유에 있는 명자네 찜질방에서 모였다. 여고 때 모습이 남아있는 친구도 있었고, 몰라볼 정도로 변한 친구도 있었다. 우리는 상업고등학교 출신이라 경제적으로 넉넉하지 않았다. 여름방학부터 실습 나가 졸업하기 전에 취업하는 친구들이 대부분이었다. 졸업 후에도 오랫동안 직장 생활로 바쁘게 살다가

2005년 다시 모였다. 그날 이후 친구들끼리 삼삼오오 소그룹으로 모였다가 총동창회 모임에서 몇몇 친구들과 동기 모임을 결성했다. 처음엔 20여 명이 모였고, 지금은 열다섯 명이 두 달에 한 번 만난다. 한 달에 한 번 만나 수다도 떨고 그동안 못했던 얘기도 나누며, 해외여행도 몇 차례 다녀왔다. 남편들과 함께 가기도 했고, 친구들끼리만 가기도 했다. 한 번은 여행지에서 한국에 계신 부모님을 향해 "아버지, 어머니 고등학교 보내주셔서 감사합니다."라며 단체로 절을 올리기도 했다. 우리는 부모님 헌신 덕분에 친구들과 이런 소중한 추억을 만들 수 있었다. 해외여행 경비를 모으기 위해 매달 만나던 모임을 두 달에 한 번으로 줄였다. 1년에 한 번은 해외여행 가자는 의견이었다. 하지만 세월은 빠르게 흘렀다. 친구 몇 명은 이미 고인이 되었고, 이사나 개인 사정으로 빠진 친구들도 있었다. 남아 있는 우리는 여전히 여행을 이어가고 있다. 하지만 요즘은 예전 같지 않다. 나 외에 허리 수술한 친구도 있고, 무릎 수술 받은 친구, 수술은 하지 않았지만, 무릎 통증으로 걷는 게 불편한 친구도 있다. 발목 통증과 복용하는 약 때문에 장거리 여행은 엄두도 못 낸다는 친구도 생겼다. 그래도 다들 건강을 위해 나름대로 노력하고 있다. 아쿠아로빅, 수영, 산책, PT 등. 해외여행 얘기를 꺼내면 긴 시간 비행기 타는 일은 힘들다며 손사래를 치지만, 지금 아니면 더 못 간다며 봄, 가을에는 국내 여행으로 대신하고 있다. 관광버스 대신 리무진을 이용하고, 여행도 테마 기행이나 맛 기행처럼 몸에 무리 가지 않도록 계획한다. 이런 여행도 이젠 얼마 남지 않아 보인다. 봄 여행에서 본 친구들 걸음걸이가 가을 여행에서는 달라졌다. 하루하루 변화하는 그들 모습이 곧 내 모습이라는 걸 알기에, 나 스스로 건강을 챙기게 된다. 시부모님, 할머니, 친정 부모님을 보며 알게 되었다. 70대 중반이 넘으면 건강이 눈에 띄게 약해진다. 그 모습은 내 주위의 어르신들에게서도 반복되었다. 이제 나도 그 나이에 가까워지고 있음을 실감한다.

하지만 나는 그런 생각에서 벗어나고 싶다. 나이 들면 다 그렇다는 말에 순응하고 싶지는 않다. 75세에도 굽 높은 구두 신고, 예쁜 원피스 입고 다니는 분들을 보면서 가능성을 본다. 나도 나를 아끼고 사랑하며 나 자신에게 투자하고 싶다. 건강하게, 젊게, 당당하게, 살아가고 싶다! 나이 들었다고 삶이 작아지지 않는다. 나이 들수록 몸은 말한다. '이제 그만해.'가 아니라 '제발 나 좀 움직여 줘!'라고. 통증 앞에 멈추지 않고 고비를 넘어서야 인생의 진짜 풍경이 펼쳐진다. 결국 내가 얼마나 나를 사랑하느냐에 달려 있다.

습관이
병을 키웠다

 40년 가까이 이어 온 특별한 모임이 있다. 다섯 명이 모여 '오광'이라 부른다. 이름만 듣고 화투 모임이냐며 웃는 사람도 있지만, 사실은 전혀 다른 의미다. 경로당에서 어르신들이 화투 치며 티격태격하는 모습이 꼭 우리 같아 보여서 붙인 이름이다. 나를 제외한 네 명은 모두 괜찮은 이름이라며 흔쾌히 동의했고, 그렇게 탄생한 모임 이름은 지금까지도 우리의 애칭처럼 남아 있다. 성격도, 살아온 길도 모두 달랐지만, 그 다름이 서로의 삶을 더 빛나게 만들었다. 우리는 지금도 3개월에 한 번씩 만나 웃고 떠들며 인생의 맛을 함께 즐긴다. 지금은 비록 3개월에 한 번 만나지만 단순한 만남이 아니라, 삶의 중요한 휴식이자 쉼표 같은 시간이다. 돌아보면 우리의 첫 만남은 참 특별했다. 1989년 시월 초, 연휴였다. 어머니가 철야기도를 가자고 하셨다. 연휴라 쉬고 싶었지만 날 위해 기도하러 가신다는 말씀에 마다할 수 없었다. 당시 나는 미혼이었고 부모님과 함께 살고 있었는데, 부모님 눈에 나는 늘 마음 쓰이는 딸이었다. 억수같이 쏟아지는 비를 맞으며 산길을 올랐다. 산 중턱의 절에 도착했을 때, 전등불에 비친 기와와 빗줄기가 묘하게 어우러져 있었다. 그 풍경은 신비롭고도 경건했다. 저녁 예불 마친 후 공양하려는데, 공양주 보살이 나를 불렀다. 따라갔더니 방에는 절복을 입은 낯선 이들이 둘러앉아 있었고 나만 평상복이었다. 절이라는 낯선 곳에 아주 좁은 방안에 나만 색다른 옷을 입고 있다는 사실이 불편했다. 꾸어다 놓은 보릿자루처럼 멍하니 앉아 있었다. 문밖에서 어머니가 나를 불렀다. 상황을 살피러 오셨던 모양이었다. 여기 모인 사람 전부 너랑 동갑이니 친구 해라는 말씀을 남기고 가셨다. 그 말이 이상하게 큰 힘이 되었다. 다시 방으로 돌아왔을 때, 인욕행 보살이 과일과 커피, 누룽지를 내오며 따뜻하게 맞아주었다. 긴장이 풀리니 대화에 자연스레 합류되었다. 커다란 냄비에 갖가지 나물을 넣고 비빈 밥을 함께 나눠 먹었는데, 누군가 내 그릇에 덜어주며 말했다. "밤새울 거니까 많이 먹어요. 잠잘 생각하지 마세요." 처음 보는 사이였지만, 그 한마디가 마음을 놓이게 했다. 스님이 오셔서 "이런 만남은 반드시 이유가 있습니다. 서로에게 위로와 기쁨이 되는 인연이 되기를 바랍니다."라는 말씀을 남기고 가셨다. 우리는 자정이 넘도록 불을 끄지 않고 이야기를 나눴다. 그날 난생처음 새벽 예불에 참석했다. 산속 새벽은 고요하고 장엄했다. 안개가 걷히고 붉은 태양이

솟아오르는 풍경을 보며 자연 앞에서 겸손해졌다. 그 순간 나를 이곳으로 이끈 어머니께 마음 깊이 감사했다. 그날의 만남은 우연이 아니었다. 그 인연은 지금까지도 이어지고 있다. 예전에 찬란했던 젊은 시절 오광에서 인생 고비를 함께 건너온 노련한 오광으로 우리는 서로의 삶에 든든한 기둥이 되어주며 나이 들어가고 있다. 젊었을 땐 오전 11시쯤 만나 점심 먹고 저녁까지 붙어 다니며 수다를 떨었지만, 지금은 점심 먹고 차 한잔 나눈 뒤 해가 지기 전에 자리를 뜬다. 저녁 먹고 가자고 하면 해 있을 때 집에 가야지 라는 말이 이제는 자연스러워졌다. 예전에 우리 할머니가 손님이나 친구들이 와서 식사하고 앉아서 놀려고 하면 해 있을 때 집에 가라고 해서 못마땅했는데, 이제야 그 말의 진심이 어른들의 지혜였음을 깨닫는다. 몸도 달라졌다. 예전에는 밥 먹고 바닥에 눕는 친구가 이해되지 않았다. 어르신들이 밥 먹고 바로 누우면 소 된다고 야단치셨다. 그래서 밥 먹고 바로 누워본 적이 없었다. 식당에서 점심 먹고 이야기하고 놀 때면 아이고 배불러 라며 바닥에 눕는다. 누워야 소화가 된다고 했다. 예전엔 이해가 되지 않았고 솔직히 조금 부럽기도 했었다. 하지만 지금은 이해한다. 나도 그 친구처럼, 누워야만 할 때가 있다.

은행에 다니던 시절, 지점을 옮기고 나면 업무 파악과 지점의 분위기에 적응하느라 6개월 정도는 야근해야 했다. 야근 중간에 저녁 식사를 하면 업무의 흐름이 깨어져 목표한 만큼 진도를 나가지 못하고 퇴근하게 되는 경우가 많았다. 집에 도착하면 늦은 시간이었다. 배가 고파 허겁지겁 밥 먹고 설거지도 미루고 그대로 누웠다. 잠시 쉬었다 설거지할 생각이었으나 눕자마자 잠들곤 했다. 화장실도 가지 않을 만큼, 거의 기절하듯 잤다. 눈 뜨면 아침이었지만, 개운하기보다는 억울하다는 생각이었다. 방금 눈 감았는데 벌써 아침이라니 혼잣말로 툴툴거렸다. 세면대 거울 속에는 부어 있는 내 얼굴이 보름달 같았다. 눈도 떠지질 않을 정도로 통통 부은 얼굴 보며 다짐했다. 이렇게 살면 안 되지. 오늘 저녁부터 운동해야지 하고 다짐했지만, 늘 습관이 이겼다. 다짐한 날 일수록 변수가 생겨 귀가 시간이 더 늦어진다. 결국 저녁 먹고 바로 눕는다. 그 다음 날 부은 얼굴이 아니라, 대 보름달이 거울 속에 떠 있다. 늦은 귀가로 폭식하고 그대로 눕기 때문에 속이 답답하고 가스로 인해 속은 더부룩하고 몸은 무겁다. 트림이 나오는 증상도 나타났다. 꺽꺽 내고 싶은 게 아니라 자동으로 나오는 소리였다. 몸이 보내는 신호를 무시한 대가는 컸다. 결국 위염, 위 하수, 역류성 식도염, 변비 등 줄줄이 찾아왔다. 급기야 까스활명수가 가방 속 필수품이 되었다. 많이 나아지긴 했지만, 지금도 바쁘면 음식을 씹지 않고 급히 삼키는 버릇이 남아 있다. 조금 적게 먹으면 되는데 그렇지 못하다. 음식 남기면 안 된다는 강박도 여전하다. 생각해 보면, 나를 병들게 한 건 나이가 아니라 내가 만든 나쁜 습관이었다. 지금에서야 뼈저리게 느낀다. 습관은 병을 만들기도 하고, 건강을 지키는 힘이 되기도 한다는 것을. 지금도 늦지 않았다. 내가 만든 수많은 습관 중에서, 가장 고치기 어려운 건 '먹는 습관'이다. 그게 바로 나를 병들게 했다. 우리는 모두 늙어간다. 그러나 모든 노년이 전부 아픈 것은 아니다. 지금 나의 선택과 습관이 미래의 나를 만든다. 몸이 무너진 후에야 깨달았다. 천천히 꼭꼭 씹어 먹기, 몸을 자주 움직이기, 충분한 수면 취하기, 내 몸이 보내는 신호에 귀 기울이기, 이 단순한 습관들이야말로 내 노년을 든든하게 지켜줄 기둥이다. 나는 이제 더 이상 내 몸에 미안한 짓을 하지 않겠다고 다짐한다.

> 미래의 나를 만드는 건강 습관

1. 천천히 꼭꼭 씹어 먹기

- 소화기를 지키는 가장 단순한 방법으로, 음식을 최소 서른 번 이상 씹어 삼킨다. 많이 씹을수록 위장의 부담이 줄고, 영양소 흡수율이 높아진다. 뇌가 포만감을 느끼게 하여 과식을 막을 수 있다. 음식에 대한 감사와 만족감을 높이고 스트레스도 줄여준다.

2. 몸을 자주 움직이기

- 계단 오르기, 집안일, 산책 같은 일상에서 할 수 있는 활동으로 근육과 관절의 굳어짐을 방지한다. 가벼운 스트레칭이나 제자리 걷기 같은 작은 움직임만으로 활력이 생긴다.

3. 충분한 수면 취하기

- 수면이 부족하면 호르몬 균형이 깨져 식욕이 증가하고, 당뇨나 고혈압 같은 만성질환 위험도 커진다. 규칙적인 수면 리듬을 만들고 자기 전 스마트폰이나 TV 대신 가벼운 독서나 명상을 하는 것이 수면의 질을 돕는다.

4. 내 몸이 보내는 신호에 귀 기울이기

- 통증, 불면, 피부 변화 같은 사소한 신호를 무시하면 큰 질병으로 이어질 수 있다. 몸의 신호를 민감하게 받아들이고, 필요하면 적절한 휴식과 검진을 받는 습관은 미래 건강을 지키는 가장 확실한 방법이다.

체중의 변화가
무서운 이유

　오랜만에 퇴직한 동료들 모임에 참석했다. 익숙한 얼굴들이 보이지 않아서 인규 선배에게 성욱 씨 소식을 물었다. 조심스럽게 암 수술 후 항암 치료 중이라고 했다. 운동도 꾸준히 하고 늘 건강하던 사람이었기에 충격이었다. 더 놀라운 건 인규 선배의 모습이었다. 예전보다 많이 야위어 보여 조심스럽게 물었다. 평소 날씬한 체형이라 다이어트랑 상관이 없을 거란걸 뻔히 알면서도 혹시 다이어트라도 하셨냐고 물었더니 그런 거 아니라고 손을 저었다. 최근 오래된 잇몸 통증 때문에 치과 치료를 시작했는데, 생각보다 오래 걸리고 고통도 컸다고 했다. 임플란트를 하나씩 천천히 해야 했고, 통증은 매번 컸다. 하루 두 끼조차 챙겨 먹기 힘들 정도였다. 음식 앞에 앉아도 혹시 다시 아플까 불안해 숟가락을 들지 못하는 날이 종종 있었다고 했다. 씹다가 흘릴까, 말하다 침이라도 튈까, 늘 조심스럽다 보니 사람 만나는 자체가 부담이었다. 좋아하던 술도 멀리하게 되면서 모임에 참석조차 꺼려졌다고 했다. 야윈 사람이 더 야위니 사람들 시선과 말이 마음을 더 무겁게 만들었다. 살이 너무 빠졌다, 어디 아프냐, 큰 병원에 가 봐야 하는 거 아니냐는 말들이 들릴 때마다 상처가 되었다. 비슷한 시기에 필순이도 임플란트 치료로 고생을 많이 했었다. 누구나 겪을 수 있는 일이지만, 실제로 겪고 나서야 그 고통과 외로움이 얼마나 깊은지 깨닫게 된다. 영석 씨는 부인이 아파서 집안일과 직장 일을 병행하느라 모임에 참석하기 어렵다고 했다. 모임에 오랜만에 참석해 보니, 몇 년 사이 참 많은 일들로 변해 있었다. 돌아가신 분도 계셨고, 연로하신 선배님들은 밤늦게 귀가하는 게 부담이라 빠졌고, 직장이나 개인 사정으로 빠진 이도 있었다. 인원이 절반 가까이 줄었다. 나 역시 이런저런 핑계로 얼굴 비추지 못했기에 미안한 마음이 들었다.

나는 진주에서 초등학교 5학년 여름에 부산으로 전학을 왔다. 부산 친구들과 만난 지 1년 반이 지난 후 초등학교를 졸업했다. 가장 친했던 친구는 대학 졸업 후 미국으로 이민 가버렸고 다른 친구들과도 중학교, 고등학교를 따로 다니다 보니 자연스럽게 연락이 끊어졌다. 그러다 어느 날 여고 동기인 이순이가 초등학교 동기 모임에 같이 가자고 했다. 그 인연으로 다시 친구들과 만나게 되었다. 벌써 17년 전 일이다. 그 당시엔 20여 명이 모였지만 지금은 열 명도 채 안 된다. 지난 4월 봄나들이로 경남 거제 갔을 땐 아홉 명뿐이었다. 대부분 건강상 참석하지 못했다. 혈관 질환, 당뇨, 허리와 무릎 통증으로 힘들어했고, 어떤 친구는 타고 내리기 힘들고, 화장실에 자주 가야 해서 장거리 버스 여행은 부담스럽다고 말했다. 이제 겨우 일흔을 넘겼을 뿐인데, 건강이 외출을 가로막고 있다는 현실이 내 마음을 무겁게 만들었다.

내 남동생 역시 건강 걱정에서 벗어나지 못한다. 토목 일하며 전국 공사 현장을 떠돌아다니는 그는 아픈 몸을 이끌고도 가장이라는 책임감 때문에 하루도 제대로 쉬지 못했다. 허리 보호대를 착용한 채 일하고, 한쪽 다리는 근육이 빠져 굵기마저 달라졌다. 그럼에도 일할 수 있다는 것에 감사하며 매주 월요일 새벽이면 현장으로 향했다. 하루 일을 마친 후에는 술 한 잔과 간단한 안주로 저녁 식사를 대신하는 객지 생활이 반복되었다. 자연스레 체중은 늘고 당뇨약과 혈압약까지 복용했다. 그런 남동생에게 조심하라는 말밖에 해줄 수 없어 안타까웠다. 게다가 아버지 닮아 이도 좋지 않았다. 풍치로 고생했다. 지금은 씹는 게 불편하여 주로 국물이나 부드러운 음식으로 식사한다. 친정에 들르면 국수나 라면으로 점심이나 저녁 먹는 모습을 봤다. 점심 식사 후엔 2시간 정도 운동장 걷는다며 집을 나선다. 창문 너머로 지팡이 짚고 운동하러 가는 아들 뒷모습을 물끄러미 바라보고 있는 어머니를 불러 차 한잔 같이 마신다. 커피 한 잔 다 마실 동안 아흔한 살 어머니는 단 한마디도 하지 않으셨다. 그 침묵에 담긴 마음이 오래도록 내 가슴에 남았다. 다행히 나와 여동생은 어머니 닮아 치아가 나쁘진 않다. 하지만 몇 년 전 김밥 먹다 바싹 돌 씹히는 소리를 들었다. 내 오른쪽 위 어금니가 깨졌다. 치과에 들렀더니 이가 너무 단단하면 오히려 깨질 수 있다고 말하며 깨진 부분이 씹는데 불편하지 않으니, 지금은 그대로 둘 수밖에 없다고 했다. 그날 이후 오른쪽으로 씹는 게 조심스러웠다. 이제는 의식적으로 양쪽을 번갈아 사용하며 씹고 있다. 익숙하지 않아 혀를 씹을 때도 있었다. 치아 문제나 체중 변화는 누구에게나 일어날 수 있다. 같은 음식을 먹어도 누구는 탈이 나고, 누구는 괜찮다. 찬 음식 좋아하는 사람, 뜨거운 국물 없으면 밥 못 먹는 사람도 있다. 모두가 각자 다른 몸으로 살아간다. 나는 내 체질에 대해 진지하게 생각해 본 적이 없다. 먹는 즐거움이 삶의 활력이었고, 맛있는 음식을 찾아 멀리까지 차 몰고 다닌 적도 많았다. 같은 음식 좋아하는 사람과 더 쉽게 친해졌고, 함께 맛집을 찾아다니며 깔깔 웃던 그 시절이 그리워진다.

요즘은 백세 시대를 넘어 백이십 세 시대를 이야기한다. 하지만 마냥 반갑지만은 않다. 과연 그 나이까지 건강하게 살 수 있을까 하는 걱정이

앞선다. 오래 사는 것이 중요한 게 아니라, 건강하게 오래 사는 것이 모든 이의 과제라는 생각이 든다. 예전에는 76세쯤에 삶을 마감하고 싶다는 막연한 생각을 하기도 했다. 증조할머니, 할머니, 시어머니 모두 그 무렵부터 건강이 달라지는 모습을 보았기 때문이다. 내게 76은 평화로운 숫자처럼 느껴졌던 시절도 있었다. 하지만 지금은 생각이 다르다. 하루라도 건강하게, 기쁘게, 통증 없이 살고 싶다는 마음이 더 크다. 건강은 한순간 무너지지 않는다. 무심코 넘긴 통증, 대충 때운 식사, 반복된 몸의 신호를 무시한 결과 병이 되어 돌아온다. 지금 내가 먹는 음식, 씹는 방향, 잠자는 자세 하나하나가 나의 미래를 결정한다. 체중 변화는 단순한 숫자의 변화가 아니다. 몸이 보내는 신호다. 민감하게 반응해야 하는 이유는, 그것이 바로 나를 위한 경고이자 기회이기 때문이다. 아프지 않고, 늙는 법은 없다. 하지만 지금 돌보면 덜 아프고, 더 편하게, 조금 더 오래 행복하게 살아갈 수 있다. 내 몸에 얼마나 귀 기울이느냐가 앞으로의 삶을, '내 인생 연장전.'을 결정짓는다.

잃었던
일상의 감각

 아파트 입구에 핀 목련과 산수유가 눈에 들어왔다. 올해도 어김없이 봄은 왔구나. 이곳에 이사 온 건 2014년 5월 말. 이듬해 봄, 아파트 주변에 피어 있는 목련과 산수유를 처음 봤을 때, 멋진 곳으로 이사 왔다고 좋아했다. 그 이후로 매년 봄이면 감탄사를 연발하며 꽃을 바라보았다. 하지만 어느 해부터인가 꽃이 보이지 않았다. 피지 않은 것이 아니라 보지 못했다. 몸과 마음이 아프니 자연의 변화마저 느낄 수 없었다. 봄이 와도 계절의 흐름을 달력을 보고 나서야 알았다. 그렇게 5년을 보냈다. 올해 봄이 되자 다시 꽃이 보이기 시작했다. 목련도, 산수유도, 벚꽃도, 저마다 자태를 뽐내며 피어났다. 봄꽃이 나에게 말을 건넸다. 따뜻한 봄기운에 이끌려 뒷산 산책로를 걸었다. 하얀 목련꽃 봉오리는 가지마다 작은 연등처럼 매달려 있었고, 자색 목련은 더 진한 향기를 풍겼다. 꽃을 좋아하지만, 이름이나 꽃말에는 관심이 없다. 남편은 꽃과 나무들을 곧잘 구별하고, 이름도 많이 안다. 베란다를 사계절 꽃이 피는 정원처럼 가꿔놓았다. 나는 그저 바라보며 감탄하는 사람일 뿐이다. 요즘 새로운 일을 시작하며 다른 지역으로 교육받으러 다니고, 고객 만나러 다니느라 고속도로를 달릴 때가 많다. 이동 중에 차창 밖으로 보이는 들꽃과 초록으로 물드는 산이 눈에 들어온다. 예전 같으면 집 안에 앉아 리모컨만 누르고 있었을 터인데 밖으로 나와 움직이기 시작하니 계절 변화를 다시 느낀다. 매일 달라지는 산과 들의 풍경은 내 지친 일상에 새로운 활기를 불어넣어 주었다.

해마다 벚꽃이 필 때면 어머니 모시고 봄 소풍 갔다. 아흔이 넘은 어머니기에 혹여 '올해가 마지막이면 어떻게 하지?' 하는 마음에 빠짐없이 챙기게 된다. 올해 3월 말, 함께 벚꽃 보러 가자고 했더니 피곤하다며 마다하셨다. 순간 마음이 철렁 내려앉았다. 외사촌 동생 태희가 친정에 들르겠다고 연락이 왔다. 태희와 함께 해운대 거쳐 기장으로 꽃구경 가자고 했더니 어머니는 기꺼이 따라나섰다. 평소 친정 질녀 태희를 워낙 예뻐하시기에 가능한 일이었다. 토요일이라 해운대 가는 길은 많이 막히지만, 그래도 동백섬 쪽 해변 길을 선택했다. 비록 복잡한 길이지만, 경치가 좋아 시간이 걸려도 기꺼이 이 길을 택했다. 해운대 달맞이 길과 해월정으로 이어지는 5km가량의 벚꽃 터널은 언제나 감탄을 자아내게 한다. 차에서 내려 걷던 예전과 달리 이제는 창밖으로 흩날리는 꽃비를 바라보는 것만으로도, 어머니는 만족해하신다. 꽃잎이 흩어져 내릴 때마다 감탄사와 함께 얼굴에 활짝 미소를 보이셨다. 태희는 이 풍경이 해운대에서만 볼 수 있다며 동영상을 찍었다. 어머니는 이맘때 여기 오면 소녀처럼 좋아하신다. 그 모습 보니 모시고 오길 잘했다는 생각 들었다.

어머니는 젊은 시절에 고생을 많이 하셨다. 열여덟 살에 시집와서 시할머니, 시어머니 두 분을 모셨다. 그로부터 지금까지 5대째 한 가정을 지키고 계신다. 중풍으로 누워 지내신 시할머니를 간병했고, 까다로운 시어머니와 갈등 속에서 마음 편할 날이 드물었다고 하셨다. 어머니의 한 많은 시집살이는 책을 써도 몇 권은 쓸 거리가 있다고 종종 말씀하셨다. 그런 어머니 곁을 나이 들어 변화한 아버지가 지켰다. 할머니가 돌아가신 후 무뚝뚝하고 말씀이 없으신 아버지는 청소하고, 설거지도 하며, 널려 있는 빨래까지 개켜주셨다. 어머니가 하는 일이라면 무조건 찬성하셨고, 말로 표현하지 못한 미안함과 사랑을 행동으로 보여주셨다. 아버지는 7년 전 돌아가셨다. 돌아가시기 10개월 전쯤 오른쪽 눈이 보이지 않았다. 식사 때 반찬을 제대로 집지 못하는 할아버지를 본 재홍이가 동네 병원으로 모시고 가서 진료받았으나 큰 병원으로 모시고 가라는 말에 소견서를 받아 대학병원으로 갔다. 오래전 왼쪽 눈은 황반변성으로 시야가 불편했지만, 오른쪽 눈으로 볼 수 있어 식구들에게 말씀하시지 않으셨다. 오른쪽 눈이 안 보이면서 왼쪽 눈의 상태를 알게 되었다. 연세가 많으셔서 수술은 어렵다고 했고 병원에서는 장애등급을 내주며, 병원에도 더 이상 오지 않아도 된다고까지 했다. 그런데도 아버지는 병원 가는 날을 손꼽아 기다리셨다. 낫는다는 희망이 남아 있었다. 한 달에 한 번 집 근처 병원으로 모시고 다녔다. 병원에 다녀오시면 기분이 조금 나아지셨다. 자기 관리를 철저하게 잘하시던 아버지의 이런 모습을 보니 안타까웠다. 요양보호사 자격증을 가진 덕분에 어머니와 함께 아버지를 돌볼 수 있었다. 말없이 해내는 어머니의 뒷모습을 보며, 어머니 삶을 더 깊이 이해하게 되었다.

어머니와 함께한 봄날의 드라이브는 내게도 큰 선물이었다. 어머니를 보고 있으면 〈여자의 일생〉이라는 노래가 생각난다. 과연 앞으로 몇 번이나 이런 시간을 가질 수 있을까. 그래서 이 계절이 더 귀하고 감사하다. 올해도 어머니 덕분에 꽃비를 볼 수 있었다. 꽃비를 보면 중학생 시절이 떠오른다. 동래여중 본관 앞에는 아름드리 벚나무가 있었다. 이맘때면 창문을 열어둔 교실 안으로 바람을 타고 흩날리던 벚꽃잎, 선생님도, 우리도 감탄사를 내뱉으며 그 순간을 즐겼다. 그건 3학년 교실만이 누릴 수 있는 그 봄의 특권이었다. 이 순간이 지금까지 내 기억에 가장 선명한 봄 명장면이었다. 그러나 이제는 그 명장면이 바뀌었다. 기장 연화리에서 어머니는 점심으로 전복죽과 굴전을 맛있게 드셨다. 바닷물 위에 떠 있는 듯한 일광의 카페는 수리 중이라, 커피는 돌아오는 길에 태희네 집에서 마셨다. 집에 돌아오신 어머니는 바로 누우셨다. 피곤한 듯했지만, 식사도 잘하시고 잠도 잘 주무신다. 매주 월요일에는 혼자 목욕 다니시고, 외출할 땐 화장까지 하신다. 치매 예방이라며 텔레비전 자막을 소리 내어 읽는다. 허리 아프다고 걷기 싫어하시지만 창가에 나무 빨래판을 놓고 그 위에서 나름대로 걷기 운동하신다. 올해 아흔하나, 많다면 많은 나이지만 여전히 단정하고 강인한 삶의 자세를 잃지 않으신다. 손자 결혼식에도 누가 될까 봐 흐트러짐 없이 한복으로 곱게 차려입고 스카프까지 두르셨다. 다른 어르신들에 비해 몸도 마음도 건강한 편이다. 어머니는 건강을 위해 식단 조절하고, 스트레칭도 꾸준히 하신다. 자식들 걱정시키지 않으려 애쓰는 모습에 매번 마음이 뭉클해진다. 그런 어머니 볼 때마다 '엄마'라는 이름의 위대함을 다시 생각하게 한다.

나의 모든 봄은 어머니에게서 시작되었다. 아흔한 해의 세월을 묵묵히 견디며, 지금도 자식 걱정에 하루하루를 성실하게 살아가시는 어머니, 걷고, 읽고, 기도하시는 어머니, 꽃은 해마다 피지만, 그 꽃을 함께 볼 수 있는 사람은 영원하지 않다. 꽃잎 하나에도 웃음 짓고 감탄하던 그날 그 모습이 내 마음속에 영원토록 남을 것이다. 사랑하는 사람과 계절을 함께 느낄 수 있다는 것, 그것이 바로, 인생이 건네는 가장 깊은 선물이다.

마음이 바뀌면
몸이 바뀐다

비가 내린다. 봄비라고 하기엔 제법 굵고 많이 내린다. 평소 같으면 비 오는 날이라 좋아했을 텐데 왠지 쓸쓸하다. 커피를 텀블러에 담고 차 키를 챙겨 집을 나섰다. 엘리베이터를 내려오니 빗소리는 실내에서 들리던 소리와는 달랐다. 투명한 비닐우산을 폈다. 우산 위로 떨어지는 빗소리는 마음 깊숙한 곳을 두드리는 음악 같았다. 흘러내리는 빗물의 움직임도 왠지 정겹다. 오늘도 나는 비와 함께 걷는다. 천천히 주차장으로 걸었다. 슬리퍼 위로 떨어지는 빗방울이 맨발 위로 튄다. 차갑고 부드러운 촉감이 좋았다. 그래서 가끔은 맨발로 비를 맞기도 했다. 아이들이 물웅덩이에서 찰박거리는 모습을 보면 나도 모르게 미소 짓는다. 나 역시 마음 한구석에 남아 있는 천진한 감정 덕분에, 빗물이 가득 찬 웅덩이에 발 담그고 찰박거리고 싶은 충동에 대리만족한다. 고등학교 1학년 때, 태풍이 몰아치던 어느 날의 기억이 떠오른다. 비닐 커버로 책가방을 씌우고 장화를 신고 등교했지만, 책가방은 물론이고 속옷까지 흠뻑 젖었다. 수업 시간이 지났는데도 등교한 친구는 몇 명 없었다. 교내 방송이 흘러나왔다. 전교생에게 집으로 돌아가라는 교장선생님 말씀이었다. 나와 친구들 다섯 명은 망설임 없이 해운대로 향했다. 그 시절 해운대는 '학생 출입 금지' 구역이었다. 이런 폭풍우 속에 선생님도 경찰도 없으리라 믿었다. 몰아치는 비바람 때문에, 우산은 뒤집어질 듯 흔들렸고, 온몸에 비를 맞으며 걷던 해수욕장 옆 인도. 장화에는 빗물이 들어가 걸을 때마다 철퍽철퍽 소리가 났다. 거칠게 몰아치는 파도는 백사장 넘어 인도까지 덮쳤다. 그 순간 깨달았다. 가장 무서운 존재는 경찰도, 선도부 선생님도 아닌 자연이야말로 가장 두렵고 거대한 존재라는 사실을. 그날 이후 바다가 좋아졌다. 물은 무서워도 성난 파도는 멋있었고 내 마음까지 집어삼켰다. 두렵지만 아름다웠던 그 바다처럼, 우리의 삶도 마찬가지가 아닐까.

아주 어렸을 때 일이다. 어느 여름날, 증조할머니와 나 그리고 남동생이 대청마루에서 놀고 있었다. 양철지붕에 떨어지던 빗소리는 크고 또렷했다. 마당에 흘러가는 빗물, 증조할머니가 들려주던 노래 가사는 흐릿하지만, 혼자 가지 말고 꼭 손잡고 가자는 내용만은 지금도 기억하고 있다. 어린 동생은 증조할머니 노랫소리를 들으며 잠들었다. 그날 마루 위 풍경은 내 기억 속에 선명하게 남아 있다. 비, 노래, 그리고 따뜻한 할머니 품. 지금 내가 증조할머니 나이에 가까워지고 있다는 사실이 낯설고도 흐뭇하다. 은행에 근무할 때 청도 운문사로 야유회 간 적이 있다. 비가 내리던 산사는 신비로웠다. 고요한 절의 모습과 그 위로 내리는 빗줄기는, 보고 있는 나의 마음을 차분하게 만들었다. 풍경소리는 잔잔하게 내 마음을 어루만졌고, 동료들과 마신 전통차 한 잔의 쌉싸름한 맛은 어느덧 사라지고 달콤함만이 입안에 남아 있었다. 절 마당에 떨어지는 빗방울을 보며 문득 나도 저 빗방울처럼 둥둥 떠가고 싶다는 생각이 들었다. 바닥에 누운 채 비를 온몸으로 맞고 싶었다. 무어라 설명할 순 없지만, 그냥 그런 마음이었다.

오늘은 범어사로 향했다. 일방통행로를 따라 천천히 차를 몰았다. 이른 아침이라 산사로 올라가는 차는 하나도 없었다. 서두를 이유가 없었기에 비상등을 켜고 여유롭게 풍경을 감상했다. 어두운 길에는 연등이 줄지어 있었다. 빗속에서 더욱 깨끗하게 보였다. 목련과 산수유는 어느덧 초록빛으로 바뀌고 아카시아와 조팝나무는 빗속에서도 하얗게 아름다운 자태를 드러내었다. 이 비가 그치면 이 꽃들도 사라지겠다는 생각이 들었다. 이 빗속을 뚫고 산책 나온 한 사람. 하얀 비닐우산을 쓴 여인이 산책로를 걷고 있었다. 나처럼 비를 좋아하나보다고 생각하며 모퉁이를 돌아 조금 더 올라가자, 한 우산 아래 나란히 걷는 두 사람이 눈에 들어왔다. 연인들 데이트라 생각하니 보기 좋았다. 그 모습을 보며 역시 '둘이 걸으니 훨씬 보기 좋네.' 나도 모르게 이런 말이 입 밖으로 나왔다. 주차장은 한산했다. 차를 세우고 시동을 껐다. 앞 유리창으로 빗줄기가 세차게 흘러내렸다. 경쾌한 빗소리를 들으며 텀블러를 열었다. 은은하게 커피 향이 퍼졌다. 김광석의 〈사랑했지만〉을 들었다. 이 순간, 세상에 부러움 없는 행복이 내 온몸을 가득 채웠다. 운전석을 뒤로 밀고 편하게 앉아 커피를 한 모금 마셨다. '혼자도 좋네!'라고 말하며 피식 웃었다. 빗소리는 더욱 선명하게 들려왔다. 오랜만에 좋아하는 라인댄스 음악을 들으며 잠시 눈을 감았다. 비록 춤은 추지 못했지만, 음악만으로도 기분은 즐거웠다. 돌아오는 길, 철쭉이 도로 옆을 붉게 물들였고, 작약은 수줍은 듯 고개를 숙였다. 집 주차장에 도착했을 땐 차가 말끔하게 씻겨 있었다. 나의 마음과 차, 둘 다 깨끗한 몸이 되었다. 하늘을 보며 "감사합니다. 오늘 이 시간도 행복했습니다." 말하며 집을 나설 때와는 다른 기분으로 엘리베이터의 버튼을 눌렀다.

지금 내리는 이 비는 단순한 날씨의 변화가 아니라, 내 인생의 리듬이자 배경이다. 때로는 나를 멈춰 서게 만들고, 때로는 나를 다시 걷게 하는 힘이다. 증조할머니 노래가 아직도 마음에 울리는 이유도 그 때문이다. '혼자 가지 말고 손잡고 함께 가자.'라는 그 말은, 우리가 평생 가슴에 새겨야 할 진리다. 오늘처럼 비 오는 날, 나는 지나온 삶의 어느 고비를 떠올린다. 그것은 슬픔이 아니라 나를 지탱하게 해준 힘이며, 조용하게 나를 앞으로 밀어주는 바람이었다. 인생은 결국, 고비와 고요 사이를 걷는 여정이라는 걸 오늘 다시 느낀다. 비에 젖은 이 길은 내 삶의 풍경과도 닮았다. 소란스럽진 않지만 깊고, 찬란하진 않지만 따뜻하다. 그 속에 수많은 이야기가 숨 쉬고 있다. 오늘, 이 빗속에서 나를 마주했고, 내 마음의 온기를 느꼈다. 그것이야말로 내가 버텨낸 저력이었다. 그 힘으로 천천히, 조용히, 그러나 분명하게 나는 앞으로 나아가고 있다.

괜찮은 척하지
않기로 했다

　원불교 교당에서 만난 선후배들과 함께한 산행은 내 청춘의 한 페이지를 가득 채운 시간이었다. 주말이면 버너와 코펠, 식재료를 배낭에 담아 산으로 갔다. 비가 오나 눈이 오나 우리는 약속한 날엔 어김없이 출발했다. 날씨는 우리에게 중요하지 않았다. 산은 나에게 자유의 공간이었고 휴식처였다. 갑갑했던 일상에서 벗어나 답답한 속을 시원하게 해주었고, 아무 거리낌 없이 편하게 숨 쉴 수 있었고, 실컷 떠들고, 마음껏 웃고, 걸을 수 있는 공간, 이것이 내가 원하는 자유였다. 그러나 그 자유는 내게 과분한 것이었다. 집안 사정, 아버지 시선, 허락이라는 단어가 내 앞을 가로막았다. 그럴 때마다 어머니는 늘 내 편이 되어주셨다. 산에 가는 날이면 옷과 간식을 미리 챙겨 대문 앞에 놓아두셨고, 나는 친구 만나러 간다는 핑계로 집을 나섰다. 그 길은 곧장 선배들과 함께 산으로 이어졌다. 어느 가을, 우리는 기차 타고 원동 무척산으로 갔다. 단

풍이 절정이라 사람들이 많았다. 점심 식사 후 정상으로 향했다. 식사 후의 산행이라 힘들었다. 전날 늦게 귀가하여 새벽녘에 잠이 들었다. 아침에 일어났을 때 두통이 있었지만 약 먹으면 괜찮아질 거라 믿고 출발했다. 그날따라 바람이 많이 불었다. 하산길에 미끄러져 엉덩이와 발목이 아팠다. 같이 간 선배의 도움으로 무사히 기차역에 도착했다. 기차역에는 의외로 사람이 많았다. 이유는 등산 온 고등학생들이 알코올버너 사고로 화상을 입었고, 방금 119 구급차가 다녀갔다고 했다. 역은 술렁였고, 기차는 연착되었다. 그날 밤, 집 앞에서 아버지와 마주쳤다. 밤 9시가 지난 시간이었다. '늦었네.'라는 말만 남긴 채 방으로 들어가셨다. 아버지와 어머니는 다투셨다. 아버지는 내게 등산 금지령을 내렸다. 역 앞에 울긋불긋 등산복 입은 남자애들과 여자애들이 여기저기 모여 시끄럽게 떠드는 모습이 보기 싫고 밤늦게 귀가하기 때문이라고 하셨다. 또 아버지 직장 후배 영란이가 설악산 등산 가서 미끄러져 깁스해 지금 출근도 못 하고 병원에 있다는 것이다. 어머니는 한창 하고 싶은 것 많을 나이니, 해보고 싶은 건 다 해보게 하자며 언성을 높이며 다투셨다. 언쟁 끝에 간신히 허락을 받아주셨다. 못마땅하게 생각하시던 아버지는 몇 차례, 우리가 등산하는 걸 몰래 따라오셨다가 결국 산의 매력에 빠지셨다. 처음에 반대하시던 아버지가 나중엔 우리보다 더 열정적인 등산광이 되셨다. 그 시절, 나는 처음으로 내가 선택한 시간을 어머니 덕분에 마음 놓고 누렸다. 대부분의 휴일을 산에서 보냈다. 휴일이라 쉰다고 집에 있으면 쉴 공간도 없을뿐더러, 이것저것 걸리는 게 많아 산으로 갔다. 산에는 마음 놓고 쉴 수 있는 곳이기에 훨씬 편했다. 산은 나에게 단순한 취미를 넘어 휴식과 자유의 상징이었다. 누군가의 허락 없이 내가 선택한 시간을 오직 나만을 위해 즐기는 유일한 공간이었다.

그러나 결혼 후, 나는 또다시 허락을 받아야 하는 상황이 발생했다. 직장에서 상반기 업무 교육 일정이 잡혔고 남편에게 교육 일정을 전했을 때 뜻밖에도 가지 말라고 했다. 말문이 막혔다. 교육을 가지 말라니 그럼 퇴직하라는 말인지 되물었다. 그는 아니라고 했지만, 나에겐 그것이 퇴직만큼 무거운 말이었다. 그는 안 가도 된다고 생각한 모양이었다. 은행의 교육제도를 이야기하고 그 기간에 먹을 남편 식사와 옷까지 챙겨놓고 교육을 다녀왔다. 집에 돌아와 보니 밥과 반찬은 손대지 않은 채 그대로 있었다. 교육을 받으러 가는 첫날 먹을 저녁밥을 따로 챙겨둔 밥 한 그릇은 밥솥에서 그대로 삭아 있었고 나는 그걸 음식물 쓰레기통에 버리며 울컥한 마음을 꾹꾹 눌렀다. 남편은 다정한 사람이지만, 때론 까다롭고 예민했다. 먼지가 보인다고 장식장을 손가락으로 쓸어 내게 보여주기도 했다. 하루만 닦지 않아도 먼지는 쌓이는데 그걸 어쩌란 말인가. 걸레만 쥐고 살라는 뜻인가? 그러던 어느 날, 소주 몇 잔으로 용기를 내어 말했다. 난 눈이 나빠서 먼지가 잘 안 보여요. 잘 보이는 당신이 하면 안 돼요? 그날 이후 남편은 청소에 관해 다시는 말하지 않았다. 그렇다고 내가 손을 놓은 건 아니었다. 늦게 퇴근해서 저녁 챙겨 먹고, 설거지하고, 널려 있는 빨래 개고, 청소까지 하다 보면 자정이 훌쩍 넘는 날이 다반사였다. 그 당시에는 토요일도 출근하던 시절이라 피곤한 나날이었다. 융통성 있게 살고 싶었다. 청소도, 밥도, 매일 해야 하나? 내가 하고 싶은 말은 누구 눈치 보지 않고 편하게 살고 싶었고, 틀에 박힌 생활에서 조금 여유를 찾고 싶었다. 내가 좋아하는 일을 하면서 자유롭게 내 하루를 살아가고 싶었다. 산에서 느꼈던 그 해방감처럼 다른 사람도 마찬가지였으면 한다. 그 어떤 누구의 눈치도 보지 말고 하고 싶은 일을 하며 살았으면 한다.

최근, 전국 곳곳에 산불이 잦았다. 작은 불씨 하나가 온 산을 집어삼켰다. 강풍과 건조한 날씨, 활엽수와 침엽수의 조밀한 환경, 그리고 작은 부주의가 재앙으로 이어졌다. 그 장면들을 보면서 문득 깨달았다. 우리 삶도 마찬가지다. 작은 불만들이 쌓이고, 무시당한 감정들이 마음속에 계속 타오르다 보면, 그게 불씨가 되어 언젠가는 내 안의 무언가를 태워버릴 수 있다. 나는 내 삶의 소소한 자유들을 즐기며 지금, 이 순간을 보내고 싶다. 그래서 지금, 소중한 작은 자유들을 지키려 한다. 좋아하는 일을 하고, 하고 싶은 일을 하고, 내가 나로 살아야 한다고 생각하며 하루를 산다. 자유란 누구에게 외치는 거창한 선언이 아니다. 그건 오늘 하루 나답게 편하게 살아도 된다는 나와의 약속이다. 누구의 눈치도 보지 않고, 내가 하고 싶은 일을 하며 웃을 수 있는 하루, 그게 진짜 자유다. 나는 지금까지 괜찮은 척, 할 수 있는 척하며 살아왔다. 그러나 그 작은 불씨들이 내 안을 다 태워버리기 전에, 나를 위해 살아야 한다. 나를 위한 하루를 시작해야 한다. 내 인생의 주인은 결국, 나니까.

7

내 인생에 춤과
웃음이라는 파문

"음악이 나오면 허리 펴고 시선은 정면! 턱은 당기고, 리듬 타세요. 전주 16박자 쉬고 시작합니다. 준비, 다섯, 여섯, 시작, 오른쪽."

음악이 흐르면 구령과 함께 리듬에 맞춰 춤추기 시작했다. 월화수목금금금, 라인댄스 강의로 바쁘게 돌아가던 날들. 처음부터 댄스를 좋아했던 건 아니었다. 처음 친구 청자가 댄스를 같이하자고 권했을 때, 몸치에 박치라며 단호하게 고개를 저었다. 몇 달 뒤, 또 다른 친구 명희까지 합세해 댄스를 권했다. 안 한단 소리하지 말고 일단 한 번 와서 해보고 결정하라는 말에 흔들렸지만, 다른 공부 중이었기에 3년 후에 가겠다며 약속을 미뤘다. 그동안 열심히 배워서 나중에 가르쳐 달라며 마무리 지었다. 그리고 정말 3년 뒤, 그 약속을 지키기 위해 마사회 문화센터를 찾아갔다. 첫 수업 날, 우아하게 춤추던 강사의 모습에 단번에 매료되었다. 그 매력에 빠져 수업을 한 번도 결석하지 않았다. 친구를 기다린다는 핑계로 중급반 수업을 보며 자연스럽게 댄스 세계에 빠져들었고, 그렇게 댄스 초보였던 나는 점점 리듬을 타기 시작했다. 그러던 어느 날, 중급반 한 수강생이 파트너가 결석했다며 나에게 파트너가 되어달라고 요청했다. 어떻게 해야 할지 몰라 망설이던 내게 보조 강사가 파트너 해주라며 등을 떠밀어 처음으로 중급 수업에 참여하게 되었다. 그게 내 댄스 인생의 본격적인 시작이었다. 6개월간의 중급반 수업을 참관한 효과는 컸다. 강사의 몸동작을 눈에 담고 따라 한 덕분에, 내 동작은 자연스럽고 예쁘다는 평가를 받았다. 중급 파트너였던 옥순 씨와도 호흡이 잘 맞았다. 그러나 어느 날, 옥순 씨가 목발 짚고 나타나 등산 갔다가 넘어져 12주 진단을 받았다며 당분간 수업에 못 나온다는 말을 전하러 온 것이었다. 옥순 씨 없는 수업은 예전만큼 즐겁지 않았다. 그러던 중, 보조 강사가 모 백화점에서 진행하는 수업에 함께하자고 했고, 자연스럽게 또 하나의 무대로 나아갔다.

구청에서 실시하던 노인 심리 재활 상담사 실습 중 이향순 학장의 권유로 라인댄스 자격증 시험에 도전했다. 친구들에게 같이 하자고 했지만, 아무도 함께하지 않아 혼자서 시작했다. 그해 여름 자격증 준비에 열정을 쏟았다. 거의 하루를 라인댄스 연습으로 보냈다. 민간자격증을 손에 넣었다. 그러다 보니 길이 보였다. 생활체육 지도사 국가 자격증이 갖고 싶었다. 그때부터 국가 자격증에 도전하였고, 필기시험에 합격하여 실기, 면접, 구술시험을 다른 지역인 경산까지 가서 치렀다. 실습 시험 치는 날은 비가 왔다. 빗속을 뚫고 운전하여 시험장으로 향하는 동안 가슴이 두근거렸다. 나이는 많았지만, 실전 경험이 많지 않아 걱정이 앞섰다. 그러나 합격이었다. 부경대에서 집합교육을 받던 첫날, 90시간의 연수를 혼자 감당할 생각에 막막했는데, 누군가 뒤에서 나를 불렀다. 돌아보니 낯익은 예쁘장한 젊은 사람이 나를 향해 웃으며 인사했다. 면접 시험 때 뒷번호였던 은희 씨였다. 대강당에 가보니 은희 씨와 나는 바로 옆자리였다. 진행자는 첫 만남이라 분위기가 어색하니 레크리에이션 합격자 중 한 명이 나와 분위기를 띄워달라고 하며 한 명을 호명했다. 순간 혹시나 나를 부르면 어떡하지? 걱정했지만, 다행히 은희 씨를 불렀다. 무대로 나가 춤과 노래로 단숨에 분위기를 끌어올렸다. 무대 위에서 반짝이던 그녀가 멋있었다. 점심 먹으면서 조심스럽게 물었다.

"선생님은 직업이 뭐예요?"
"건축 설계사무실에서 일해요."
"근데 어떻게 춤도 잘 추고, 노래도 잘해요?"
"노래 강사, 댄스 강사, 레크리에이션 강사, MC 등 다양하게 활동해요."
"그런 건 어디서 배워요?"

"소속된 단체가 있어요."

"그럼 나도 좀 데려가 주면 안 돼요?"

부러웠다. 나도 그 단체에 들어가고 싶었다. 그 말이 인연이 되어 다음 주 목요일, 은희 씨를 따라 그 단체 모임에 참석하게 되었다. 그렇게 또 다른 문이 열렸다. 그날은 연말 행사 준비에 대해 의논하는 자리였다. 노래 강사들 모임이라 댄스 강사는 나밖에 없어 자연스럽게 그 행사에 참여하게 되었다. 이후 노래 강사 자격증도 따게 되었고, 함께 공부하던 동기들의 권유로 웃음 치료사 자격 과정까지 등록하게 되었다. 처음엔 거절했지만 다섯 명이 함께 등록하면, 할인이 된다는 말에 결국 참여하게 되었다.

"손뼉 치면서 17초 웃기! 목젖이 보이도록 크게 웃어야 합니다!"

나는 입을 크게 벌리고, 허공을 보며 억지웃음을 지어야 했다. 웃는 것이 이렇게 힘든 일이었나, 민망하고 낯설었다. 어릴 때부터 여자애 웃는 소리가 담 넘어 들리면 안 된다는 말을 들으며 자랐다. 직장에서는 늘 미소만 지으며 조용히 응대하는 게 기본이었고, 2층 사무실에서는 큰 소리로 말하는 일조차 없었다. 그러니 이 수업은 나에게 너무나 생소하고, 낯설어 불편했다. 웃음 치료 수업은 몸과 입을 쉬지 않고 움직여야 했다. 손뼉 치고, 고함 지르고, 노래하고, 뛰고, 서로 껴안고, 손을 서로 마주치고, 몸을 부딪쳐야 했다. 이런 수업 외에도 뭔가를 만들고, 붙이고, 찢고, 흔들고, 두드리는 시간이 이어졌다. 마지막은 명상 시간이었다. 자신을 돌아보고, 가족을 생각하고, 장애 체험도 해보았다. 자격 과정 이틀은 평생 한 번도 경험하지 못했던 시간이었고, 고통스러웠다. 수업이 끝난 날, 매주 수요일은 웃음 교실이 있는 날이라고 하며 수요일에 참석하라는 당부와 함께 자격 과정을 마쳤다. 다시는 안 오겠다고 다짐했다. 하지만 그다음 주 수요일, 나는 나도 모르게 가방을 챙겨 수요 웃음 교실을 향해 가고 있었다. 그 후 2년 동안, 단 한 번도 결석하지 않았다. 그제야 알게 되었다. 왜 웃음 치료라고 했을까? 체질에 안 맞는다, 다시는 안 온다고 했던 내가 왜 매주 그곳을 찾았을까? 웃음은 치료였다. 지금까지 나는 웃음을 잊고 살았다. 웃는 순간, 인생이 다시 리듬을 타기 시작했다. 몸치여도 괜찮다. 박치라도 상관없다. 중요한 건, 내 마음이 리듬을 타고 있다는 것. 인생도 마찬가지다. 리듬을 되찾으면, 몸은 자연스럽게 따라오게 되어 있다. 웃음과 함께 움직임이 다시 시작되었고, 그 속에서 나는 나를 되찾았다.

60세,
열정에 불을 지피다

　라인댄스를 시작하고 자격증을 딴 후, 내 삶은 확실히 달라졌다. 집 뒤의 산책로를 한 바퀴 걸으면 50분 걸렸는데, 40분으로 줄어 들었다. 댄스 수업 1시간만 해도 기운 빠져 앉아 쉬어야 했지만, 90분 수업 마치고도 거뜬하다. 목소리에도 힘이 생겨 인사도 더 크게, 더 당당하게 할 수 있었다. 문화센터 수강생 시절도 즐거웠지만 자격증 딴 뒤에는 자신감 까지 더해졌다. 건강해진 몸과 신나는 댄스의 기쁨, 많은 사람과 나누고 싶다는 사명감까지 생겼다. 남녀노소 누구나 라인댄스를 배워 건강하고 즐거운 인생 살길 바라는 마음이다. 매주 수요 웃음 교실에 참석하면서 다양한 강사들을 만나게 되었다. 나는 별생각 없이 참석했지만, 그들은 자신의 수업에 활용하고 실력을 키우기 위해 진지하게 참여하고 있었다. 웃음 교실은 행복 디자인 교육컨설팅에서 운영하는 프로그램 중 하나이다. 강사 양성을 목적으로 한 다양한 자격 과정이 개설되어 있어 각자 강의를 홍보하며 배우고 성장하는 중요한 장소였다. 어느 날 이곳 김희영 대표가 라인댄스 특강을 부탁했다. 감사한 마음으로 수락했지만, 집으로 돌아오는 길은 무겁고도 설레는 마음이었다. 나의 매력을 보여줄 수 있는 첫 강의였기 때문이었다. 어떻게 기획하여 보여줄 것인지 걱정이었다. 가장 기본을 가르치고, 라인댄스의 효과와 재미를 가질 수 있고 강사들의 수업에 활용할 수 있는 댄스곡을 정하여 연습하고 또 연습했다. 라인댄스는 혼자 하는 것 같지만, 그렇지 않다. 음악에 맞춰 함께 움직이는 단체 댄스다. 옆 사람과 앞사람, 뒷사람과도 맞춰야 하기에 표정과 호흡, 그리고 타이밍이 무엇보다 중요하다. 네 가지 동작을 익히기 위해 구령 연습과 음악을 수십 번 들었고, 원, 투, 쓰리, 포를 중얼거리며 거리를 걸었다. 운전 중에도 구령 연습은 이어졌다. 음악 소리에 내 구령이 묻힐까 봐 큰 소리로 연습하다 보니 목이 쉴 정도였다. 나는 그때 완전히 라인댄스에 빠져 있었다. 강사로 데뷔하는 날, 화장을 곱게 하고 눈에 띄는 빨간색 댄스화를 신었다. 내 발이 잘 보여 따라 하기 쉽도록 신경 쓴 선택이었다. 강의장으로 가는 동안 가슴이 설렜다. 지하철역에서 강의장까지 300m를 어떻게 갔는지 기억나지 않았다. 강의장에는 김희영 대표와 정문경 원장, 김민철 국장이 먼저 와 있었다. 내가 하는 첫 강의라 신경 쓰였던 모양이었다. 떨리는 마음으로 강의를 시작했고, 반응은 뜨거웠다. 앙코르 요청까지 받으며 준비해 간 곡을 모두 선보였다. 분위기는 달아올랐고, 다음 특강을 약속하며 마무리했다. 그 자리에서 정식 수업을 제안받아 일주일에 이틀 수업할 수 있게 되었다. 그렇게 라인댄스 강사로서의 첫발을 내디뎠다.

  그 이후 복지관에서 강사를 구한다는 공고를 보고 이력서를 제출했다. 면접에서 관장은 내 나이를 보고 터닝 포인트를 잘했다고 격려해 주었다. 복지관 수업은 물론 경로당 수업까지 맡게 되었고, 돌아오는 길에 스스로 대견하고 자랑스러워 뿌듯해했다. 만 60세에 이력서를 들고 도전한 나에게, 마음껏 박수를 보냈다. 복지관 수업은 댄스를 좋아해서 찾아오시는 분들이라 수업하기가 수월하다. 경로당 어르신들은 그렇지 않다. 편하게 이야기하며 놀려고 오시는 분들이라 그분들의 눈높이에 맞는 컵 타, 숟가락 난타, 시니어 체조, 손가락 체조, 쉬운 게임, 끝말잇기 등 다양한 프로그램으로 진행했다. 그 이듬해에는 부산시에서 운영하는 복지관에서도 수업 요청이 들어왔다. 강의계획서를 제출했고, 일주일에 한 번, 1시간 수업이 시작되었다. 라인댄스가 처음 도입되는 프로그램이라 복지관 측은 수강생 반응을 궁금해했다. 4개월 후 인원이 두 배로 늘면서 수업은 주 2회로 확대되었고, 그다음 개강 땐 그야말로 대박이 났다. 담당 복지사로부터 최대 몇 명까지 수업할 수 있는지 문의 전화를 받았고, 한 수업당 100명까지 가능하다고 자신 있게 답했다. 왜 이렇게 많은 사람이 라인댄스를 배우고 싶어 할까? 어떻게 하면 보다 더 즐겁고 재미있게 가르칠 수 있을까? 이런 행복한 고민으로 잠 못 이루는 날도 있었다. 대강당이 가득 찬 날, 스트레칭으로 수업을 시작했다. 강의장 사방을 돌며 직접 시범을 보여주고, 따라 하기 쉽도록 안내했다. 라인댄스는 여덟 박자 리듬에 네 가지 동작이 반복되는 구조지만 이 간단한 동작을 익히는 데에도 힘들어하는 사람이 많았다. 그들은 기억력이 따라주지 않는다며 안타까워했다. 그래서 라인댄스가 그들에게 더 좋은 운동이라 생각했다. 라인댄스는 발동작과 순서를 기억해야 하고, 네 방향으로 돌아가며 춤을 추기 때문에 방향감각이 좋아지며, 사회성과 치매 예방에 좋은 운동이라는 것이 알려지면서 이듬해에는 수강 인원이 더 늘어 초급과 중급을 나누고, 수업 횟수도 두 배로 늘어났다.

내 수업은 웃음 치료와 코믹 댄스를 중간중간 넣어 구성했기 때문에 인기가 빠르게 올라갔다. 웃음 교실에서 배운 경험들이 큰 도움이 되었다. 나는 라인댄스 홍보대사가 되겠다고 결심했고 원하는 곳이 있다면 어디든 달려가 봉사하겠다는 각오로 시작했다. 그렇게 봉사로 시작한 라인댄스는 수익을 창출할 수 있는 강사로 성장시켜 주었다. 준비가 되어 있으니, 기회가 왔고 그 기회를 놓치지 않았다. 흔히 나이는 숫자에 불과하다고 말한다. 그 말의 진짜 의미는 내 나이에도 새로운 도전을 시작할 수 있다는 것을 뜻하는 게 아닐까. 해본 사람만 안다. 처음에는 나 하나 건강해지고 싶어서 시작했지만, 어느 순간 나는 누군가의 희망이 되어 있었다. 이 경험을 통해 변화는 나이를 묻지 않는다는 것과 움직이는 자에게 길이 열린다는 것을 알게 되었다. 두려워하지 않고 내디딘 한 걸음, 그 작은 시작이 인생의 커다란 전환점이 되었다. 내 춤을 보고 용기 낸 사람들이 함께 웃고, 움직이고, 다시 살아가는 걸 보며 알았다. 진짜 행복은 나누는 삶에 있다는 것을!

3장

마음에서 시작되는 진짜 회복

내 회복은 몸에서 시작되지 않았다. 몸은 고통에 멈춰 서지만, 그 고통을 딛고 일어서려는 힘과 용기, 지팡이에 의지해 내디딘 한 걸음, 약보다 더 소중한 몸의 신호가 내 마음을 움직였다. 멈춰 선 회복의 길에서 다시 길을 찾을 수 있었던 것은, 바로 마음이 먼저 움직였기 때문이다. 작은 변화와 작은 실천이 쌓여 내게 기적이 되었고, 그 순간 비로소 진짜 회복이 시작되었다.

✱
✱
✱

고통을 딛고
얻은 용기

 마음 준비는 끝났고 수술도 두렵지 않았다. 수술이 끝남과 동시에 모든 고통도 함께 사라질 줄 알았다. 통증은 시간이 지나면 자연스럽게 나아질 거라 믿었다. 퇴원할 땐 다소 불편하겠지만 두 발로 당당히 걸어 나갈 수 있으리라 확신했다. 의사 선생님께 "검색대에 걸려 해외여행 못 가는 건 아니죠?"라는 농담도 했고 "그런 걱정 안 해도 된다."라는 말까지 들었지만, 수술 후 현실은 기대와 달랐다. 가장 먼저 마주한 건 가만히 누워 있는 것조차 불편한 내 몸이었다. 옆으로 돌아눕는 일조차 혼자선 불가능해서 보조 선생님의 도움이 필요했다. 허리 보조기를 착용하고 벗는 일도 마찬가지였다. 스스로 할 수 있는 일은 거의 없었고, 그저 손 가까이에 있는 휴지로 얼굴 닦는 일이 전부였다. 무엇보다 고통스러웠던 건 갑옷 같은 보조기를 착용한 채 화장실 가는 일이었다. 수술 부위의 통증은 마치 화탕지옥 같았고, 그나마 통증을 덜어주는 아이스 팩은 또 다른 고통을 안겨 주었다. 밤새 아이스 팩을 깔고 잤더니 찬 기운 탓에 목이 칼칼하고 열이 올라 코로나 감염이 의심되기도 했다. 간호사들이 들락거렸고, 급기야 엑스레이를 찍고서야 감기약을 처방받는 소동까지 벌어졌다. 고통은 끊임없이 형태를 바꿨다. 밤마다 양쪽 발이 저리고 근육통이 몰려왔다. 그럴 때마다 호출 벨을 눌러야 했고 보조 선생님의 도움을 받아야 했다. 호출 벨을 누르는 횟수가 늘어났다. 그나마 낮에는 덜 미안했지만, 밤에는 잦은 강력한 통증으로 잠을 이루지 못해 더 자주 불러야 했다. 미안해할 때마다 선생님들은 수술하고 나면 다 그렇다고 나를 위로해 주었지만 불편하고 불안한 마음은 내 몫이었다. 퇴원할 때 담당 의사는 다른 운동도 중요하지만, 걷는 게 제일이니 하루도 빠뜨리지 말고 걸어라 당부했다. 그 말이 내 재활 운동의 방향을 정해주었다.

코로나19로 인해 병문안도 허락되지 않던 시절, 친정어머니는 병원에 와 보지 못한 미안한 마음과 걱정으로 친정으로 오라고 하셨다. 지팡이에 의지한 내 모습 보여드리고 싶지는 않았지만, 거절할 수 없었다. 문을 열고 들어선 나를 보며 어머니는 "고생 많았다. 어서 들어오너라." 하며 반가워하셨다. 침대와 의자를 따로 마련하시고 내가 좋아하는 김치전과 아귀찜도 준비해 두셨다. 나의 굽은 발가락을 조심스레 마사지하시며 어떻게 된 일인지 물으셨다. 그간 있었던 일을 말씀드렸다. 그날 밤, 어머니는 내 침대 옆에서 주무셨고, 중간중간 일어나셔서 발을 마사지해 주셨다. 나는 복잡한 마음에 잠을 설칠 수밖에 없었다. 다음날 나의 불편함을 핑계 삼아 친정을 나와, 근처 재활병원에 입원했다. 간호사와 물리치료사들은 최선을 다해 작은 불편하나 없이 지낼 수 있도록 도와주었다. 퇴근할 때는 누워서 운동할 수 있는 보조기구를 밤에 사용하도록 가져다주었고 다음 날 아침이면 수거해갔다. 의사 선생님도 병실로, 치료실로 찾아와 나를 응원해 주었다. 나 역시 발목과 발가락의 감각이 돌아오도록 모든 힘을 다해 노력했다. 보름마다 수술한 병원에 들러 경과를 확인했다. 수술은 잘 되었고, 회복도 잘 되고 있다는 그 말을 들을 때마다 위로가 되면서도, 지팡이를 언제쯤 내려놓을 수 있을지에 대한 불안은 사라지지 않았다. 특히 오른쪽 발은 늘 차가웠고 통증이 심해 양말도 두 겹씩 겹쳐 신었다. 핸드폰 거치대를 발등 마사지 도구로 쓰는 일이 일상이 돼 버렸다. 집으로 돌아온 후의 일상도 만만치 않았다. 남편의 손을 빌리지 않고는 하루도 지낼 수 없었고, 차가운 발은 수시로 마사지를 해줘야 했다. 일주일에 두 번 재활병원, 이 주일에 한 번 척추 전문병원, 반복되는 통원 치료 속에서 마음마저 지쳐가기 시작했다. 2020년의 여름은 태풍 장미, 바비가 왔지만 나는 매일 걸었다. 비 오는 날은 위험하다며 남편이 말렸지만, 집에만 있기엔 답답해 지하 주차장이라도 걸어야 했다. 의사의 죽을 똥 살 똥 걸어야 한다는 그 말 한 마디가 나를 움직이게 했다. 하지만 기대했던 회복은 더디기만 했다. 머리카락이 빠지고, 피부는 건조해 피가 날 지경이었다. 얼굴은 붉게 달아올라 화상을 입은 듯했고, 팔과 다리에는 모기 물린 것 같은 발진이 올라왔다. 불면증에 시달렸고, 낮엔 두통과 어지럼증으로 괴로웠다. 이마와 옆구리에 물집이 생기기도 했다. 소화는 더디고 변비는 일상이었다. 그러니 항상 속은 불편했고 몸은 무거웠다. 그로 인해 기력이 떨어져 목소리는 점점 작아졌고, 째깍거리는 시계 소리조차 듣기 싫어 서랍 안으로 넣어 버렸다. 그렇게 6개월이 지나고 해가 바뀌어도 몸은 좋아지지 않았다. 삶이 싫어졌다. 날씨가 흐려도, 맑아도, 짜증이 났다. TV 속에서 웃는 모습도, 우는 모습도 보기 싫어 꺼버렸다. 재활치료 받으러 간 날 주차요원이 "왜 이리 안 낫고 오래 걸립니까?" 너무 고생한다는 그 한마디에 눈물이 왈칵 쏟아졌다. 남편이 등을 쓰다듬으며 쉬었다 가자며 병원 내 로비의 의자로 이끌었다. 물리치료를 마치고 침대에서 일어나다가 물리치료사의 팔을 잡고 쓰러졌다. 다행히 좁은 공간이라 물리치료사가 나를 부축해 벽에 기대게 했다. 담당 의사가 달려와 나를 신경외과로 옮겼고, 이석증이라고 했다. 며칠 전부터 있었던 어지럼증을 급체인 줄 알고 소화제만 먹고 버티다 일어난 일이었다.

삶은 매일 작은 전쟁 같았고, 회복은 끝이 보이지 않는 마라톤 같았다. 하지만, 이 모든 고통의 시간은 내가 다시 일어설 수 있도록 단련시키는 과정이었다. 나는 깨달았다. 회복은 속도가 아니라 방향이라는 것을. 남들보다 느리더라도, 어제보다 단 1분이라도 덜 아프다면, 그것으로 충분한 걸음이었다. 시간이 지나면서 살아내는 법을 배우게 되었고, 그 과정이 나를 강하게 만들었다. 아픔은 나를 무너뜨리기 위해서가 아니라 나를 일으켜 세우기 위해 찾아온 손님이었다.

몸보다
먼저 움직인 마음

수술 후 일주일 동안 병실 침대에 누워 지내야 했다. 움직일 수 없는 시간은 생각보다 훨씬 고되고 무력했다. 꼼짝 못 하고 누워 있는 것이 이렇게 큰 고통일 줄 몰랐다. 처음에는 손 하나 까딱할 수 없던 내가, 비록 안내자가 인도하는 휠체어로 움직였지만, 재활치료실과 물리치료실을 오가게 된 순간부터 마음이 편안해지며 내 몸에 다시 생기가 돌기 시작했다. 정해진 시간에 치료실로 가면 치료사가 전날의 상태를 점검하고, 그의 지시에 따라 운동을 시작했다. 자세를 바르게 잡고, 호흡을 조절하고, 다리를 번갈아 들어 올리며 기본적인 움직임을 익혔다. 온몸이 시원하게 기지개를 한번 켜보고 싶었지만, 그마저도 불가능한 현실이 아쉬웠다. 일주일 후부터 치료 시간이 늘어나고 강도도 점점 높아졌다. 누워서 하던 동작에 이어 일어서기와 걷는 연습까지 한 단계씩 앞으로 나아갔다. 처음에는 10분이었던 걷기도 15분, 20분으로 늘어났다. 하지만 여전히 발은 저렸고, 다리 근육통은 남아 있었다. 그럴 땐 치료사에게 도움을 청해 근육을 이완시키는 동작을 따로 배웠다. 짬짬이 병실 침대에서 스트레칭하고, 공원에서 걸었다. 내가 생각하는 만큼 몸이 따라주지 않았다. 하루라도 빨리 회복하고 싶은 급한 마음이 먼저였다. 하루 한 번이던 치료는 오전과 오후, 두 차례로 늘어났다. 나의 하루는 걷기와 회복이라는 목적 하나로 정리되었다. 휠체어에서 보행 보조기로 이동 수단이 바뀌는 순간, 가슴이 뭉클했다. 내 두 발로 바닥을 딛고 일어섰다는 사실 하나만으로도 감격스러웠다. 발가락과 발목의 힘은 차츰 돌아오리라 의심하지 않았다. 보행 보조기로 나 혼자 치료실로 이동했다. 치료실은 정해진 시간에 가지 않으면 순서를 놓치기 때문에, 알람을 설정해 놓고 준비하고 있었다. 치료 시간을 깜빡 잊어버려 놓치고 후회하는 내 주위의 환자들을 보며 하루 루틴을 성실히 지키는 것이 작은 성공처럼 느껴졌다.

병실은 추웠다. 다른 환자들은 덥다고 했지만, 나는 두꺼운 옷을 껴입은 채 추위를 참아야 했다. 그래서 하루 대부분을 7층의 공원에서 보냈다. 이 공원은 건물 옥상에 있었다. 높은 건물 사이의 옥상 공원은 햇볕 때문에 더워서 환자들이 피하는 그곳이 나는 따뜻했고 하늘을 볼 수 있어서 좋았다. 햇볕 아래에서 보행 보조기 잡고 걷다 보면 땀이 흐르고,

그 땀방울 속에서 생기가 돌았다. 땀 흘리며 걷는 그 시간이 무엇보다 소중하고 행복했다. 보행 보조기 수납함에는 늘 빨간 커버의 핸드폰이 들어있었다. 라인댄스 수업을 위해 모아둔 음악이 가득 담긴 그 핸드폰은 나의 또 다른 동반자였다. 음악 들으며 리듬에 맞춰 천천히 걷다 보면 어느새 입꼬리가 올라가곤 했다. 머릿속으로는 이미 무대 위에서 춤을 추고 있었다. 다시 월화수목금금금의 삶으로 돌아가 열정적으로 살아갈 날을 상상하면 아픔도 잠시 잊을 수 있었다. 햇볕에서는 더워서 땀 흘려 좋았고, 그늘에서는 시원해서 좋았다. 저녁 식사 후 환자들이 공원으로 나왔다. 걷는 자세에 관한 이야기가 오갔고, 어떤 분은 내 걸음걸이를 따라 해보겠다고 말했다. 자세가 예쁘다며 모델 했냐고 묻기도 했다. 그럴 때면 웃으며 "아니에요, 라인댄스 덕분이에요."라고 말하며 복지관이나 주민센터에 가면 배울 수 있으니 꼭 해보라고 권하기도 했다. 강사 시절 찍어둔 동영상과 회원들이 공연한 사진을 보여주며 설명했다. 직접 보여달라는 요청도 있었지만, 몸이 회복되지 않아 보여주지 못해 미안했고 아쉬웠다. 공원은 내게 단순한 산책로가 아니라 훌륭한 휴식처이자 소통의 공간이었다. 병실에 있는 시간보다 공원에서 보내는 시간이 더 많았다. 잠시 누워야 할 때만 병실을 찾았다. 병실에 있으면 내가 환자라는 사실이 더 선명하게 다가와 마음이 불편했기 때문이다. 면회가 쉽지 않던 코로나 시절이었지만, 가끔 공원에서 친구들과 짧은 만남을 가졌다. 찌는 듯한 더위에도 찾아와 준 이들의 정성이 고마웠다. 웃음 교실 강사, 노래 강사 선후배, 라인댄스 회원들이 찾아왔다. 다른 지인들은 내가 수술한 사실조차 몰랐다. 굳이 알릴 필요가 없었기 때문이었다.

날이 저물면 괜스레 마음이 무거워졌다. 짧은 여름밤이라도 잠은 자야 했고 자다가도 일어나 화장실에 가야 했다. 직장에선 고객 눈치 보느라 화장실 가는 일을 참았고 지금은 움직이기 힘들어 더 이상 참을 수 없을 만큼 참다가 가야 했다. 남들은 화장실을 편하게 다니는데 난 왜 이렇게 힘들어 할까. 침대에 오르기 전 꼭 들르지만, 그래도 서너 번은 일어나야 했다. 보조 선생님을 깨워 함께 가야 하기에 늘 미안하고 고마웠다. 가끔 간식을 챙겨주었다. 사실 나는 간식을 잘 먹지 않았다. 창구 업무 중엔 간식을 먹을 수 없었고, 고객이 건넨 커피가 유일한 간식이었다. 어떤 날은 하루에 여덟 잔 넘게 마신 날도 있었다. 오후가 되면 손이 떨리고 속이 불편해지곤 했다. 그 뒤로 커피를 줄였고, 지금은 1년에 한두 번 마실까 말까 한다. 그래서 다른 사람에게 커피를 잘 권하지 않는다. 내가 챙기는 간식은 병문안 오는 사람들이 가져오는 떡이나 빵이고 음료다. 그런데 병원 생활을 해보니 간식 먹는 재미가 쏠쏠했다. 과자가 먹고 싶어 마트에 가서 뭘 살지 몰라 빙빙 돌다가 옛날 과자만 사 들고 왔었는데 맛있는 과자와 간식거리를 알게 되는 계기가 되었다. 신발을 신거나 벗는 일조차 혼자 하기 힘들어 도움을 받아야 했고, 슬리퍼조차 발에서 벗겨져 신을 수 없었다. 슬리퍼 신는 일이 이렇게 큰일이었나 라는 생각이 들었다.

　사소한 불편이 깨닫게 해주는 소중함이다. 나는 그동안 너무 많은 것들을 무심히 지나쳤다. 내가 움직일 수 있고, 가고 싶을 때 가고, 하고 싶을 때 할 수 있는 평범한 일상. 그 소소한 자유가 얼마나 귀한지를, 지금에서야 배우고 있었다. 아픈 몸은 마음까지도 움츠러들게 했다. 하지만 작고 느린 변화들이 나를 다시 일으켰다. 음악 듣고, 누군가와 웃고, 햇살을 느끼며 걷는 그 순간들 속에서 나는 조금씩 회복되어 갔다. 몸보다 먼저, 마음이 걷기 시작했다. 그리고 그 마음이 나를 다시 삶으로, 다시 사랑으로 이끌었다. 지금도 여전히 소소한 일상이 얼마나 값진지를 배워가는 중이다.

지팡이는 나의
작은 기적

쓱, 턱, 쓱, 턱. 언제부턴가 내 곁을 따라다니는 소리. 묵직하고 둔탁한 이 소리는 듣고 싶지 않아도 자꾸만 들려왔다. 언제쯤 다시 경쾌하게 또박또박 소리 내며 걸을 수 있을까. 지팡이와 발소리가 내 걸음에 아직도 아픔이 스며 있다는 사실을 알려주었다. 집으로 돌아온 뒤, 보행 보조기에 의지해 걷기 시작했다. 아파트 뒷마당 놀이터까지는 경사와 계단이 있어서 엄두가 나지 않았다. 대신 그늘이 있고 사람 왕래와 차량 통행이 적은 평지인 아파트 주차장을 선택했다. 드르륵, 드르륵, 보행기가 바닥을 긁는 소리는 시끄럽고 거슬렸지만 참아야 했다. 남편에게 시끄럽지 않냐고 물었더니 괜찮다며 운동에만 집중하라고 했다. 비 오는 날이면 바닥이 미끄러워 한 발 한 발 조심스레 내디뎠다. 어느 날, 용기 내어 놀이터 가자고 했다. 목발 짚고 경사진 길과 계단을 오르는 일은 혼자 힘으로는 불가능했기에, 남편이 팔을 잡아주며 곁을 지켜주었다. 여름 햇볕을 피하려고 챙 넓은 모자를 쓰고, 남편은 부채와 손 선풍기를 챙겨 들었다. 모자를 싫어하던 우리였지만, 그날만은 예외였다. 놀이터 한 바퀴 돌면 200걸음. 성인용 운동 기구도 설치되어 있었지만, 균형감각을 요구하는 운동이기에 아직 나는 시도할 수 없었다. 걷기에만 집중했다. 목발 때문에 겨드랑이가 아파 지팡이로 바꾸었다. 하루 천 보 걷는 게 목표였지만 쉽지 않았다. 아침과 저녁엔 놀이터, 점심 식사 후엔 지하 주차장을 돌며 조금씩 걸음을 늘려갔다. 외출이 있는 날은 아침부터 바빴다. 나보다 더 바쁜 사람은 남편이었다. 식사 준비와 설거지, 내 외출 준비까지 맡아야 했다. 신발도, 옷도 나 혼자서는 해결할 수 없었다. 인상 한번 찌푸리지 않고 조용히 내 뒤를 챙겨주는 모습에 마음이 든든했지만 미안해서 "차 키는 내가 챙겼어요." 차 키를 흔들어 보이고 엘리베이터 버튼을 누르고 있었다. 운전 중엔 내가 환자라는 사실을 잠시 잊곤 했다. 창밖 풍경 보며 당당하게 걷는 사람들의 모습, 바람에 흩날리는 그들의 옷차림에서 계절 변화를 느꼈다. 여름이 저물어가고 있었다.

우리 아파트는 금정산자락, 범어사 입구에 자리 잡고 있다. 맑은 공기와 고요한 풍경. 아침마다 들려오는 새소리로 잠에서 깨고, 사계절 피어나는 꽃을 보며 산책할 수 있는 평화로운 동네다. 주말이면 금정산을 찾는 사람들로 북적인다. 그 산자락 아래, 계곡 따라 난 산책로를 새로운 운동 코스로 정했다. 흐르는 물소리, 물속을 헤엄치는 작은 물고기들. 흔들리는 나뭇잎 소리, 그 모든 것이 나를 위로했다. 양쪽에 지팡이를 쥐고 걷는 내 걸음은 여전히 휘청거렸고, 발목에는 힘이 없었다. 척추 보호용 보조기를 착용하고 양쪽 지팡이에 의지하고 있으니 나는 천천히 걸을 수밖에 없었다. 40분이면 가던 거리를 3시간 걸려 도착했다. 벤치에 앉아 쉬었다. 손수건은 물론이고 속옷마저 땀으로 흠뻑 젖었다. 눈을 뜨지 못할 정도로 흘러내리는 땀은 내 안의 스트레스를 쏟아내는 듯했다. 공영 주차장 옆 노상 찻집에서 모자와 마스크를 벗고 마시는 유자차는 더없이 달콤했다. 산 중턱에서 내려다보는 경치는 팥빙수 한 그릇 먹은 듯 속이 시원했다. 살 것만 같았다. 이 계곡은 어린 시절 추억이 묻어 있는 곳이다. 초, 중학교 시절 소풍 왔던 계곡. 친구들과 흐르는 물속에 발을 담그고 물놀이하며 도시락을 나눠 먹고, 게임하고, 노래 부르며 웃던 그 추억의 공간. 지금은 식수 보호구역으로 출입이 막혔지만, 그 시절의 웃음소리가 여전히 바람 따라 들리는 듯했다. 한적한 산책로에 놓인 벤치에 앉아 숨을 돌린다. 그곳을 오가는 사람들이 눈에 들어왔다. 지팡이에 의지해 걷는 이들의 걸음걸이를 유심히 보게 된다. 삐뚤어진 허리, 굽은 다리, 무너진 자세, 그 모습들 속에서 나를 본다. '어쩌다 저렇게 되었을까. 얼마나 아플까?' 하던 생각을 멈추고 다시 걷는다. 야자

나무 매트가 깔린 산책로는 덜 힘들다. 하지만 비탈길은 조심스럽다. 걷는 내내 발끝과 길바닥을 살펴야 했다. 운동 나온 이들 속에서 혹시 누가 나를 알아볼까 두려웠다. 벤치에 앉아 남편에게 당부했다. 혹시 누가 내 이름을 부르거나, 선생님하고 불러도 절대 돌아보지 말라고. 모자, 마스크, 안경으로 얼굴을 가렸지만, 이전의 건강하고 당당했던 내 모습이 아닌 지팡이에 의지한 지금 모습을 보여주고 싶지 않았다. 산책로 중간중간 놓인 몇 개의 벤치는 내게 오아시스였다. 조금만 가면 쉴 수 있다는 남편 말에 다시 용기를 냈다. 예전엔 눈에 들어오지 않았던 그 벤치들이 힘들어하는 나를 편하게 해주었다. 숨을 고르게 하고, 땀을 닦게 하는 고마운 장소였다. 나를 배려해 만들어준 사람에게 고맙다는 인사를 혼잣말로 뱉었다. 노상 찻집 주인과도 매일 만나는 친구가 되었다.

사찰까지 갈 힘이 없어 바로 내려왔다. 내려오는 길, 작은 암자의 염불 소리에 가던 걸음을 멈추고 숨을 고르며 부처님께 투정을 부렸다. "왜 저를 힘들게 하시나요? 제가 뭘 그렇게 잘못 했나요?" 하고 싶은 말이 많아 마음이 복잡했다. 잠시 고개를 들어 암자를 올려다봤다. 하늘에는 구름 한 점 없이 깨끗했다. 파란 색종이 같았다. 흰 종이를 오려 배를 만들어 붙이고 싶은 생각이 들자, 갑자기 바다가 보고 싶었다. 난간에 세워둔 지팡이를 잡다가 하나를 떨어뜨렸다. 남편이 얼른 주워 내게 주었다. 생각해 보면, 이런 시간을 만들어준 것도 지팡이 덕분이었다. 턱, 턱 지팡이 소리 거슬릴 때도 있지만 그 소리 덕분에 한 걸음 내디딜 용기가 있었다. 부처님께 투정 부릴 수 있는 지금, 이 순간마저 고맙다.

　지팡이는 단순한 도구가 아니었다. 나의 슬픔을 받아주고, 아픔을 안아주는 내 곁을 지키는 조용한 친구였다. 지팡이는 나를 부끄럽게도 했지만, 결국 나를 다시 세상으로 이끌어준 다리였다. 주저앉고 싶을 때도, 눈물 삼키며 걸어야 할 때도, 언제나 곁에서 묵묵히 나를 지탱해 줬다. 지팡이에 의지한 이 걸음은 패배가 아니었다. 회복을 향한, 작지만 위대한 발걸음이었다. 그 발걸음 하나하나가 모여 나의 작은 기적을 이루어가고 있었다.

약보다 중요한 건
몸의 신호

내가 근무하던 지점은 시장 근처였다. 명절 전후에는 정신없이 바빴다. 그 시절엔 만 원권 지폐보다 천 원권이 많았다. 좌판에서 생선 파는 고객이 가져온 축축하게 젖은, 비린내가 풍기는 지폐를 하나하나 펴서 정리하고 계산하던 순간, 갑자기 얼굴이 따끔따끔했다. 세수하고 싶었지만, 근무 중이었고 일손이 모자라 그럴 수 없었다. 결국 그날도 야근하고 늦게 집으로 돌아왔다. 다음 날 아침 화장실 거울에 비친 내 얼굴은 화상 입은 것처럼, 얼굴이 울긋불긋 벌겋게 부풀어있었다. '왜 이렇지?' 어제 얼굴이 따끔거렸던 일이 떠올랐다. 며칠 지나면 나아지리라 생각했지만, 증상은 갈수록 점점 더 심해졌다. 약국에서 약을 사서 먹고, 연고를 바르면 잠시 괜찮아졌다가 며칠 지나면 또다시 벌겋게 붓고 갈라지며 피가 나곤 했다. 어느 병원, 어느 약국을 가도 마찬가지였다. 소문난 병원, 이름난 약국 다 다녀봤지만, 효과가 없었다. 급기야 전주에 있는 유명하다는 약국까지 찾아갔다. 약을 보리차와 먹었더니, 나중엔 보리차만 마셔도 약 냄새가 느껴져 보리차마저 마시기 싫었다. 병원에서 처방받은 스테로이드 연고 바르면 빠르게 진정되긴 했다. 근무 중에는 외출이 어려워 병원 가는 일이 부담스러웠다. 결국 약국에서 약을 사서 가방마다 넣어 다녔다. 언제 어디서든 따끔거림이 시작되면 다른 사람 눈치 보며 몰래 꺼내 발랐다. 그렇게 약에 의지하는 생활이 시작되었고 그 피부 때문에 약과의 전쟁은 몇 년을 지속했다. 척추 수술 후에도 약을 먹는 것은 일과 중 일부가 되었다. 통증과 염증을 줄이고 뼈가 잘 붙도록 돕는 회복 과정의 필수적인 단계라 생각하며 거부감 없이 복용했다. 시간이 지나며 통증이 줄어들자 문득 약을 계속 먹어야 하나? 라는 생각이 들었고, 퇴원할 때 받아온 약을 조금씩 줄여야겠다고 생각할 무렵, 머리카락이 빠지기 시작했고, 피부엔 발진이 생겼다. 기분은 가라앉고, 밤에는 잠을 제대로 잘 수가 없었다. 우울감, 불면증, 이석증이 한꺼번에 몰려왔다. 머리카락이 한 움큼씩 빠지는 바람에 스카프를 쓰고 생활했다. 피부는 갈라지며 예전에 고생하던 것처럼 벌겋게 되었고, 모기 물린 듯한 발진이 온몸을 덮었다. 옆구리에는 물집도 생겨 가렵고 쓰라리고 아팠다. 몸이 무너져 내리고 있었다. 외출 준비하던 남편은 이런 내 모습이 안돼 보였는지 먹고 싶은 것 말하면 사 오겠다고 했다. 귀찮은 듯 없다고 답했다. 묻는 그 말조차 짜증이 났다. 아무것도 하기 싫고, 누가 뭘 묻는 것도 귀찮았다. 손 하나 까딱할 수 없는 처지면서 괜히 남편에게 퉁명스럽게 굴었다. 밤이 되면 더 괴로웠다. 화장실을 15분 간격으로 들락거린 날도 있었다. 새벽이 되면 머리가 지끈거리고 어지러웠다. 눈을 감아도 잠은 오지 않았다. '내가 왜 이렇게 된 걸까, 언제쯤 나아질 수 있을까.' 이런 생각만 머리에 맴돌았다. 며칠씩 잠을 못 자면 기운이 없고 밥맛도 사라졌다. 내가 이러니 남편도 똑같이 앓고 있었다. 답답한 마음에 산책하러 나섰다. 오늘은 좀 더 힘들게 걸어보자, 그러면 밤에 잠이 오지 않을까 싶었다. 마음만 앞섰지, 몸은 따라주지 않았다. 한여름의 더위에 짜증만 더해졌다. 산속으로 들어가니 바람과 그늘이 반겨주었다. 벤치에 앉아 흐르는 물소리, 새소리를 들으니, 마음이 조금 가라앉았다. 운동 기구에서 몸을 움직이는 사람들, 여유롭게 걷는 이들을 보며 용기를 내어 다시 걸었다.

2021년 코로나 백신 2차 접종 이후 다리가 퉁퉁 부었다. 아침에 일어나 화장실조차 갈 수 없을 정도였다. 특히 발목이 많이 부어 일어서기 힘들어서 엉덩이로 밀며 화장실까지 이동해야 했다. 접종했던 병원에 찾아가니 의사는 하지정맥류라고 진단하며 약을 처방했다. 약 먹으면 부종이 가라앉았지만, 끊으면 다시 원래대로 돌아왔다. 결국 하지정맥 수술까지 받았지만, 결과는 똑같았다. 약 먹으면 괜찮고, 끊으면 다시 부었다. 그때 처음으로 진지하게 의문이 생겼다. '이런 약을 계속 먹어야 하나?' 정기 검진 때 주치의에게 물었다. 의사는 웃으며 말했다. 그럴 수 있어요. 사람마다 다르거든요. 조금 예민하신가 봅니다. 시간 지나면 괜찮아지니 너무 스트레스받지 마시라는 그 말 들으니, 마음이 조금 놓이기도 했지만, 머릿속에서는 여전히 의문이 떠나지 않았다. 독서 모임에서 이런 경험을 나눴더니 비슷한 일을 겪은 회원들이 있었다. 그는 스트레스받지 않으려고 약을 끊었고, 꾸준한 운동과 영양 균형을 맞춘 식단으로 생활 습관을 바꿨다고 했다. 그렇게 하고 나니 증상이 자연스럽게 사라졌다는 말에 나는 고개를 끄덕였다. 그 말을 들으며 나도 생각이 달라졌다. 약은 치료의 도구일 뿐, 의존의 대상은 아니라는 생각과 내 몸 균형을 회복하는 일은 약만으로 해결되는 문제가 아니라는 사실을 알았다. 무엇보다 중요한 건 내 몸이 보내는 신호를 놓치지 않아야 한다는 것을 알게 되었다. 약을 선택할 것인지, 줄일 것인지, 멈출 것인지는 내 몸 반응에 따라 신중하게 결정해야 한다. 우리는 종종 약을 만병통치약처럼 생각한다. 하지만 약은 때때로 우리 몸을 더 지치게 하고, 삶을 더욱 피폐하게 만들기도 한다. 그래서 약을 먹을지 말지는 반드시 전문가와 충분히 상담해야 한다. 그러나 그보다 먼저, 우리 자신에게 물어야 한다.

지금 내 몸은 무엇을 말하고 있는가. 지금 필요한 건 약이 아니라, 나 자신을 믿고 귀 기울이는 태도일지 모른다. 진짜 치유는 약에서 오는 것이 아니라 내 몸의 소리에 귀 기울이는 데서 시작된다. 우리는 종종 몸의 말은 외면하고 약의 말만 듣는다. 그러다 진짜 아픔은 깊어진다. 약은 사라질 통증을 잠시 멈추게 할 뿐, 고통의 뿌리까지 해결해 주지 않는다. 지금 가장 필요한 건, 내 몸과 나 사이 신뢰를 회복하는 일이다. 증상만 바라보면 약에 의존하게 되고 내 몸을 바라보면 삶이 달라진다. 이제는 약을 묻기 전에 먼저 내 몸과 대화하자. 증상만 쫓으면 약에 매이고, 내 몸을 이해하면 삶이 달라진다. 지금 가장 시급한 치유는 내 몸과의 신뢰를 회복하는 일이다.

5

멈춰 선 회복,
다시 찾은 길

    산책하는 사람이 많아졌다. 등산하기 좋은 날씨였다. 하늘은 파란색 페인트통을 쏟아놓은 듯 청명했다. 주차장 옆 찻집으로 갔다. 아침마다 마주치는 익숙한 얼굴들이 자리 잡고 있었다. 반갑게 인사하고 옆 테이블 의자에 앉았다. 차 한 모금 마시다 말고 자리에서 일어났다. 내 손에는 여전히 지팡이가 들려 있었다. 그들의 수군거리는 말을 뒤로 하고 걷기 시작했다. '휴' 하고 숨을 내뿜었다. 일주일에 두 번 재활 치료하러 다녔다. 조금이라도 변화가 있기를 기대했지만, 회복은 더뎠고 기다림은 지루했다. 매번 기대는 커졌다, 작아졌다 반복하고 있었다. 다리를 쭉 펴면 오른쪽 발목은 바깥쪽으로 기울어져 있고 발가락들은 엉켜 제자리를 잃은 상태였다. 둘째 발가락은 엄지 위에 올라가 있었고, 셋째 발가락은 'ㄱ'자 모양으로 꺾여 있었으며, 새끼발가락은 옆으로 돌아가 아예 발톱이 보이지 않았다. 하루에도 몇 번씩 손으로 주무르며 마사지했다.

힘주어 움직여 보지만 겨우 엄지발가락만 미세하게 움직일 뿐 나머지는 꼼짝도 하지 않았다. 계절이 바뀌고 해가 바뀌면서 산책로 한 바퀴 도는 데 걸리는 시간은 1시간이나 줄었지만, 지팡이는 여전히 손에서 놓을 수 없었다. 물리치료 마치고 병원 주차장으로 들어서자, 주차요원이 인사를 건넸다. 웃으며 인사했지만, 마음 한구석은 씁쓸했다. 하늘엔 구름 한 점 없었다. 날씨 좋다는 혼잣말이 허공에 흩어졌다. 오늘은 남편 없이 혼자였다. 이제는 어떤 일이든 스스로 해내야 한다는 생각이 들었다. 그럼에도 산책만큼은 아직 남편이 함께해 주고 있다. 남편은 원래 움직이는 걸 좋아하지 않는다. 직장 다닐 땐 주말이면 하루 종일 누워지냈고, 등산하자는 말엔 손사래를 쳤다. 그런 사람이 1년 넘게 나를 걱정하며 함께 걸어준 그 마음이 고마웠다. 내겐 관세음보살 같은 사람이다.

  두통과 손 떨림이 심해져 한의원을 찾았다. 40대 무렵부터 손이 떨리긴 했지만, 커피나 공복 상태 때문이라 여기며 대수롭지 않게 넘겼었다. 최근 들어 떨림이 심해져 병원을 찾았더니 '본태성 진전증'이라는 진단을 받았다. 정확한 원인은 아직 밝혀지지 않았지만, 유전적 요인이 크다고 했다. 주로 손, 머리, 목소리 등에서 떨림이 나타나며, 스트레스와 피로, 카페인, 약물 등이 증상을 악화시킬 수 있지만, 직접적인 원인으로 보기는 어렵다고 했다. 나의 손 떨림도 노화가 진행 중이어서 완치는 어려우나 진행을 늦출 수는 있단다. 한약과 침 치료와 더불어 뇌 기능을 돕는 컴퓨터 프로그램 치료도 병행했다. 커피 줄이고, 스트레스 덜 받으려고 애썼다. 보고도 못 본 척, 듣고도 못 들은 척하는 훈련도 생활의 일부가 되었다. 생활 습관을 바꾸는 행동, 그것도 치료였다. 문제는 잠이었다. 일찍 자려고 애써도 쉽게 잠들 수 없었다. 어떤 날은 '그래 오늘 밤은 그냥 즐기고, 내일 낮에 자면 되지.'라고 생각해도 막상 낮에는 잠이 오지 않았고, 혹시 낮에 자면 또 밤잠 설칠까 봐 자지 않았다. 그렇게 며칠씩 악순환이 반복되면 기운은 빠지고 두통도 심해져 삶은 무기력해졌다. 잠이 오지 않은 밤이면 옛날 생각에 젖어 라인댄스 동영상을 보지만 내 모습이 담긴 영상은 보지 않았다. 보기 싫었다. 대신 다른 사람들 춤추는 모습을 보며, 추억에 잠기기도 했다. 오래 보지는 않았다. 내가 하는 만큼 즐겁지 않아 잠깐 한두 곡 보고 스마트폰을 내려놓았다. 밤은 여전히 길었다.

어느 날 현관 초인종이 울렸다. 송영주가 왔다. 동서대 가요 전문 지도사 과정을 함께한 동기였다. 전화하면 오지 말라 할까 봐 그냥 왔다며 직접 만든 수정과를 가져왔다. 코로나 시기였기에 외부 사람 만나는 것을 꺼리던 때라 영주 씨의 방문은 놀랐지만, 그녀의 진심이 고마웠다. 내 꼴은 말이 아니었다. 머리는 손질한 지 오래되었고, 허리에는 복대를 하고 있었다. 마스크가 민망함을 조금 가려 주긴 했다. 그냥 문밖에서 돌려보낼 수밖에 없었고 미안함보다 고마움이 더 컸다. 남편과 함께 서로 복 많은 사람이라 말하며 수정과를 나눠마셨다. 내일 주차장 찻집에서 나눠 마실 수정과 한 병을 냉동실에 넣었다. 주차장 찻집에서 차 마시며 계곡을 내려다보는 일이 산책 중 유일한 낙이었다. 그래서 조용한 시간을 택해 찻집에 간다. 내일은 떡과 수정과를 나눠 먹을 예정이다.

라인댄스 회원인 선옥 씨를 우연히 길에서 만났다. 지팡이 짚은 내 모습을 보고 자기가 알고 있는 유명한 한의원을 소개해 주었다. 한의사는 내 상태를 보더니 수술 후라 회복이 더딜 수 있다고 했다. 반신욕과 한약 복용, 매일 육천 보 걷기를 권했다. 그대로 실천하려고 노력했지만 육천 보 실행이 힘들었다. 한의원까지는 1시간 30분 거리였다. 비 오는 날이면 지팡이와 우산을 들어야 했기에 더 힘들었고 그런 날이면 남편이 동행해 주었다. 한의원 치료에 집중하던 어느 날, 오른쪽 발목에 힘이 조금 들어오는 느낌이 들었다. 예전엔 1/5 정도였다면 지금은 2/5쯤 된 듯했다. 그러나 거기까지였다. 이후로는 진전이 없었다. 침 치료 중 왼쪽 엉덩이부터 발끝까지 찌릿찌릿한 통증이 밀려왔다. 의사에게 말하니 우선 오른쪽에 집중하자고 했다. 갑자기 불안이 밀려왔다. 이러다 못 걷게 되는 건 아닐까? 아직 일흔도 되지 않았는데 걷지 못하면 외출도 어렵고 삶의 질이 급격히 떨어질 텐데, 나의 미래가 선명하게 그려지는 것 같았다.

 부종은 여전했고, 걷는 것도, 신발 신고 벗는 것도 버거운 채 그대로였다. 여기까지가 한계일까? 이대로 멈춰야 하나? 그 순간 떠오른 생각, 혈관 청소였다. 예전에 들었던 김형환 교수의 강의, 그리고 인터뷰했던 선배가 기억났다. 인터뷰 명단에서 이름을 찾아냈다. 전신 해독 전문가, 임어금. 나는 다시 다짐했다. 내 몸은 내가 지켜야 한다. 세월이 지나면 괜찮아질 것이라는, 안이한 마음은 세월이 지난 후 더 깊은 절망으로 이끈다. 누구보다 내 몸을 잘 아는 사람은 나 자신이다. 누군가 말보다, 누군가 시선보다, 더 중요한 건 내 몸의 신호였다. 내 몸과 다시 연결하기 위해, 나는 오늘도 한 걸음 내디딘다. 포기하고 싶은 순간마다 다시 걷기로 한 건, 누가 시켜서가 아니다. 내가 나를 포기할 수 없었기 때문이다. 회복은 기다림이 아니라 선택이다. 의사도 약도 내 몸을 전부 알 순 없다. 치유는 내 몸과 마음을 믿고 꾸준히 돌보려는 나의 의지에서 시작된다.

작은 변화가
만든 기적

    2021년 초, 유난히 추운 겨울이었다. 그럼에도 걷기를 멈출 수 없었다. 걷기는 나의 생명줄이었다. 폭설 소식이 들릴 때마다 마음이 철렁했지만, 다행히 부산에는 눈이 내리지 않았다. 길이 미끄러우면 지팡이 짚고 걷기가 어렵고, 넘어지기라도 하면 허리에 문제가 생길까 그것이 걱정되었기 때문이었다. 날씨는 단순한 정보가 아니라 나의 하루를 결정짓는 중요한 조건이었다. 며칠째 비가 내리고 있었다. 산책로 한 바퀴 걷고 돌아오면 온몸이 땀으로 젖었다. 한겨울임에도 그랬다. 긴장한 채 걷다 보면 머리에서 이마로 흘러내리는 땀은 눈을 뜰 수 없을 정도였다. 창밖 하늘은 잿빛으로 가라앉았고, 평소 싱그러웠던 아파트 초록 지붕마저 칙칙하게 느껴졌다. 창문을 타고 흐르는 빗물은 세상을 덮어버릴 듯 주르륵 흘러내렸다. 남편은 베란다에 쪼그리고 앉아 달걀 껍데기를 곱게 부수고 있었다. 화분에 뿌려주기 위해서였다. 며칠에 한 번씩 하는 그 손길 덕분에 화분 속 식물들은 반짝이며 자라고 있었다. 그 식물들을 바라보다 문득 '나는 왜 이렇게 삶이 힘들까?' 하는 생각이 들었다. 안방도, 작은 방도, 거실 침대도 어디 하나 편한 곳이 없었다. 결국 딱딱한 거실 침대에 누워 멍하니 베란다를 바라보았다. 그때 베란다 안쪽의 반짝이는 나뭇잎이 눈에 들어왔다. 물방울이 맺힌 그 잎은 유난히 빛나고 있었다. 그 작은 생명의 반짝임 앞에서, 내 신세가 더 초라하게 느껴졌다. 정성껏 돌봐준 식물은 빛을 내며 자라고 있는데 인간인 나는 통증과 무거운 마음에 짓눌려 숨조차 제대로 쉴 수 없는 내 모습이 대비되었다. 그저 비와 함께 흘러내리고 싶다는 생각뿐이었다. 훌쩍거리며 누워 있는데, 남편이 차 한잔하자며 따뜻한 메밀차를 가져왔고, TV를 켜니 때마침 〈세계테마기행 잘츠부르크 편〉이 나오고 있었다. 낯익은 풍경이 화면 가득 펼쳐졌다. 2011년 유럽 여행 중 가봤던 도시였다. 그 익숙한 장면에 이끌려 슬그머니 자리에서 일어났다. 책상 서랍 깊숙이 넣어두었던 USB를 꺼냈다. 정리도 못 한 채 잊고 있었던 여행 사진이 담긴 USB였다. 컴퓨터 켜고 USB 속의 사진을 열었다. 그때 기록한 여행 노트도 꺼내 함께 펼쳤다. 사진을 보니 기억은 하나씩 되살아났다. 프라하에서 오스트리아로 향하던 여행 8일째, 웃지 못할 일이 발생했다. 기차의 절반인 앞쪽은 오스트리아로 가고 절반인 뒤쪽은 체코에 머무는 것이었다. 우리는 안내 방송을 알아듣지 못해 그대로 뒤쪽 칸에 앉아 있었다. 기차역에서 만난 오스트리아 아가씨가 알려주어 부랴부랴 짐을 챙겨 앞 칸으로 옮겨 탄 기억, 그 와중에 차창 옆 옷걸이에 걸어둔 재홍이 점퍼를 그냥 두고 왔다는 사실을 뒤늦게 알았다. 그러나 찾으러 갈 수 없었다. 우리가 앉아 있던 열차는 사라지고 없었다.

잘츠부르크에 도착해 〈사운드 오브 뮤직〉 촬영지를 찾아가는 테마 여행 버스를 탔다. 관광객들로 버스는 만원이었다. 가이드는 열심히 설명했지만, 우리는 알아들을 수가 없었다. 듣는 것은 포기하고, 보는 것에 집중했다. 미라벨 정원에 도착했을 때 도레미 노래가 입 밖으로 나오며 영화 속 장면이 떠올랐다. 주변 관광객들도 마찬가지였는지 흥얼거리고 있었다. 그 순간 이 영화가 얼마나 많은 사람들의 기억에 남아있는지 실감했다. 영화는 실화를 바탕으로 만들어졌다고 해서 더 가슴에 와닿았다. 잘츠부르크는 모차르트가 태어난 곳이다. 모차르트 생가는 지금 박물관이 되었고 잘츠부르크 대성당은 모차르트가 세례를 받고 연주했던 파이프 오르간이 남아 있다. 처음 듣는 파이프 오르간의 소리는 맑고 웅장했으며 내 마음 깊은 곳까지 울려 퍼졌다. 그 소리에 매료되어 타 도시 '올리바'라는 곳에서 파이프 오르간 연주회가 있다는 소식을 듣고 그 도시까지 찾아갔으나 아쉽게 연주회는 보지 못했다. 대성당, 게트라이데 거리, 수녀원, 레지 덴츠 거리, 폰 트랩 가족의 저택까지, 하나하나가 선명하게 떠 올랐다. 그 기억은 내 안에서 여전히 살아 숨 쉬고 있었다. 사진을 정리하다 보니 마지막 방문지였던 폴란드 아우슈비츠 수용소가 떠올랐다. 비가 추적추적 내리던 그날, 관광객도 몇 명 되지 않았고 수용소 안은 적막했고 음산했다. 전시장엔 유대인들의 소지품과 생전 사진이 전시되어 있었다. 설명을 들으며 받은 충격은 말로 다할 수 없었다. 유대인들이 학살된 독가스실, 시체 소각로, 그들이 생활했던 매우 좁은 수감시설 등을 보며 말로만 듣던 나치의 잔혹성을 눈으로 확인하였다. 이미 몇 해 전 본 영화 〈쉰들러 리스트〉의 장면들이 함께 떠올랐다. 스티븐 스필버그 감독의 영화 속 독일인 사업가 오스카 쉰들러에 대한 실화를 바탕으로 만들어진 영화이다. 쉰들러는 절망적인 시대 속에서도 인간다움을 지켰고 그 덕분에 수많은 생명이 살아남았다. 빅터 프랭클의『빅터 프랭클의 죽음의 수용소에서』도 생각났다. 얼마나 많은 사람이 희망을 저버리고 사라져갔는가. 그런 절망 속에서도 삶의 의미를 찾아 움직였다. 사랑하는 아내를 떠올리며 삶의 의미를 붙들었던 그의 의지, 그것이 생존 목표가 되어 책을 발간하여 만천하에 나치의 잔혹함을 세상에 밝혔다. 수용소라는 극한의 환경에서도 스스로 삶의 의미를 찾았으며 누구나 가능하고, 우리는 버틸 수 있다고 말하는 그의 메시지는 지금 내게 꼭 필요한 말이었다. 그들의 삶을 떠올리며 나 자신을 돌아보았다. 나는 작은 불편함에도 쉽게 절망하고, 밤잠을 설치며 세상을 원망하곤 했다. 그 누구도 아닌, 내 마음이 나를 힘들게 만들고 있었다. 삶은 때때로 우리를 깊은 어둠 속으로 밀어 넣지만, 그 속에서도 빛은 존재한다. 잊고 있었던 여행의 기억, 따뜻한 차 한잔, 반짝이는 나뭇잎 한 장이 그 빛이 되었다. 나를 일으켜 세운 것은 거창한 희망이 아니라, 바로 내 삶 안에 이미 있었던 작은 추억이었다. 지금 내 삶이 무너진 것 같아도, 과거의 한 조각 추억이 나를 다시 일으킬 수 있다. 잊고 지낸 따뜻한 기억은 절망의 순간, 나를 다시 살아가게 하는 숨겨진 등불이었다. 그 추억은 아직도 내 안에 살아 있다. 내가 다시 일어서려 할 때, 언제든 내 손을 잡아줄 준비가 되어있는 가장 따뜻한 동반자이다.

멈출 것인가,
다시 걸을 것인가

한의원 치료를 마치고 나오는 길에서 반가운 얼굴들과 마주쳤다. 라인댄스 수업을 같이했던 회원들이었다. 환한 얼굴로 다가와 반갑게 인사를 건네며 모임 가는 길이라고 함께 가자고 했다. 내 소식을 궁금해하던 이들이 반가워하는 모습에 마음이 흔들렸지만, 오늘은 어렵겠다며 정중히 사양했다. 하지만 점심 한 끼만이라도 같이 하자는 말엔 결국 고개를 끄덕이고 말았다. 그렇게 다시 만나기를 약속하고 헤어졌다. 처음 이 한의원을 소개받았을 때, 그 위치가 내가 활동하던 복지관 근처라는 이유로 망설였던 기억이 떠올랐다. 혹시나 아는 사람 마주치면 어쩌나 하는 걱정이 오늘 현실이 되었다. 불편한 마음이 가시지 않은 채, 집으로 돌아와서 점심을 먹고 산책하러 나갔다. 이제는 산책로를 한 바퀴 도는데 2시간이면 가능하지만, 아직도 발목에 힘이 없어 균형잡기는 어렵다. 벤치에 앉아 숨을 고르며 라인댄스 하며 활기찼던 시절을 떠올렸다.

그때 나는 몸도 마음도 건강했다. 오늘 만난 그들은 여전히 웃음이 넘쳤고 건강한 모습이었다. 그 시절이 그리웠고, 지금의 내 모습이 초라하게 느껴졌다. 비교하지 말자고 다짐하면서도 그 시절이 그리운 건 어쩔 수 없었다.

몸의 변화를 절감하며 문득 생각했다. 통계에 따르면 2025년 한국 여성의 기대 수명은 87.3세라고 한다. 그렇다면 20년 가까운 세월을 더 살아야 한다는 말이다. 하지만, 지금 이 상태로 그 시간을 살아야 한다면? 생각만으로도 답답했다. 발가락 끝까지 힘주며 한 걸음 한 걸음 정성을 다해 걸었다. 중요한 건 시간이 아니라, 잃어버린 감각을 되찾는 일이었다. 지팡이를 짚었다가, 들었다가, 다시 짚으며 걸음을 이어갔다. 왼쪽 허리부터 발끝까지의 저림은 간헐적으로 나타났고, 오른쪽 발목과 발가락은 좀처럼 회복되지 않았다. 백일 넘게 반신욕하고, 한약 복용하며 침 치료를 받았지만, 몸의 변화는 더뎠다. 한방치료든 재활치료든 이제 한계가 보였다. 더 이상 미룰 수가 없었다. 새로운 방법을 찾고 싶었다. 집으로 돌아오자마자 1인 기업 멘토인 임어금 대표에게 전화를 걸었다. 대구에 사신다는 대표님은 다음날 부산 동래 사직동에서 만나자고 했다. 사직동은 내가 오래 살았던 곳이었지만, 그곳에 원적외선 토르말린 찜질방이 있고, 20년 전통의 효소 전문기업 GSL의 동부산 본부가 있다는 사실은 처음 알았다. 약속 시간에 나타난 임 대표는 정장을 입고 높은 구두를 신은 채, 노트북 가방을 메고 양손에는 보조 가방을 들고 있었다. 73세라는 나이가 믿기지 않을 만큼 활기차고 젊어 보였다. 내가 놀란 표정을 짓자 임 대표는 자신의 몸속에 효소가 가득해서 그렇다며 호탕하게 웃었다. 건강의 핵심은 염증 제거에 있다며, 염증과 독소가 만병의 근원이라고 강조했다. 실제로 내 체성분 검사 결과 염증 수치가 높아 점수가 나오지 않았고, 전신 해독이 필요하다는 설명에 귀가 솔깃했다. 그렇게 소개받은 것이, 'S-Body 프리미엄 골드 프로그램'이었다. 몸속을 정화하고 본능을 회복시켜 건강한 체질로 전환하는 것을 목표로 한다는 프로그램. 내 몸을 근본적으로 바꾸고 싶다는 생각은 있었지만, 가장 큰 장애물은 다름 아닌 나 자신이었다. 프로그램은 철저한 식이조절이 포함되어 있었고, 단순히 탄수화물 섭취를 줄이는 정도가 아니라 아예 금지했다. 나는 빵과 밥을 사랑하는, 자타공인 탄수화물 중독자다. 매 끼니 밥 챙겨 먹고, 식후엔 커피와 빵으로 마무리하는 게 오랜 습관이었다. 과연 이걸 끊고 프로그램을 따를 수 있을까? 고민이 깊어졌다. 임 대표는 효소의 성분과 효능, 프로그램의 원리를 자세히 설명해 주며 먼저 비우기 체험을 해보라고 3일분의 효소를 넘겨주었다. 집으로 돌아오는 길, 발걸음은 무거웠다. 나는 식탐이 많은 사람이다. 점심 먹으면서 저녁 메뉴를 떠올리고, 배가 불러도 음식이 남아 있으면 손이 가는 사람. 과자 한 봉지를 안 뜯으면 모를까 일단 뜯으면 끝까지 먹어야 직성이 풀린다. 반면 남편은 배가 부르면 미련 없이 젓가락을 내려놓지만, 나는 그 한 숟갈마저 버릴 수 없어 내 입에 넣는다. 회식 자리에서 배불러 밥을 못 먹었다면, 집에 와서라도 김치에 밥 한 숟갈은 꼭 먹어야 했다. 그런 내가 이 프로그램을 과연 해낼 수 있을까? 거실 탁자 위에 가져온 효소를 올려두고 남편에게 조심스레 물었다. "내가 할 수 있을까요?" 남편은 주저 없이 대답했다. "당신은 한다고 하면 하는 사람이잖아 해봐." 그 한마디가 내 마음을 움직였다. 용기를 주는 남편이 고마웠다. 하지만 솔직히 말해 자신은 없었다. 첫날 맛본 효소는 내 입맛에 맞지 않았다. 예전부터 싫어했던 원기소 맛이 강하게 났다. 프로그램을 오늘 저녁부터 시작하라 했지만, 그날 밤 나는 효소를 바라보기만 했다. 내 안에서 또 다른 목소리가 들려왔다. '진짜 네 몸이 변하길 원하는 거냐? 이대로 포기할 거냐? 지금까지 얼마나 고생했는데 여기서 멈출 거냐?'라는 그 목소리가 내 마음을 흔들었다. '그래, 밥과 빵을 못 먹으면 어떠냐. 지금 잠깐 참으면 나중에 더 건강하게, 더 맛있는 걸 먹을 수 있다면 해야 하지 않을까. 백일기도 한다고 생각하고 해보자. 누군가 해서 성공한 일이라면 나도 할 수 있다. 다른 사람이 했는데 내가 왜 못해?' 그렇게 마음을 다잡았다. 죽기 아니면 까무러치기라는 심정이었다. 힘든 일을 뛰어넘으면 반드시 엄청난 결과가 기다리고 있다는 사실을 많은 사람들의 경험을 통해 알고 있었다. 앞으로 지팡이를 버리고 당당히 내 두 발로 걸을 수 있다는 확신이 내 안에서 커졌다. 결국 나는 내 안의 천사와 타협했다.

결단의 순간이었다. '할 수 있을까?' 하고 망설일 때, 우리에게 필요한 건 확신이 아니라 첫걸음이다. 작은 첫걸음을 내딛는 순간, 길은 저절로 열리기 시작한다. 결단은 두려움을 이기는 힘이다. 결단하는 순간, 인생은 다시 움직이기 시작한다. 지금까지 잘 참았는데 여기서 멈출 건가? 그 질문 하나가 나를 다시 일으켜 세웠다. 그 순간 나는 깨달았다. 삶은 우리에게 끝없이 멈출 것인가, 다시 걸을 것인가를 묻는다. 멈춘다면 거기서 끝이지만, 다시 걷겠다고 결심한다면 길은 또 다른 방향으로 이어진다. 오늘 내가 내린 결심, 그 작은 다짐이 내일을 다시 살아갈 힘이 되어주었다.

8

작은 실천이
희망이 되다

"고모부 무슨 일 있어요? 고모한테 연락이 안 돼요."

남편에게 걸려 온 전화였다. 올케의 다급한 목소리 들으며 슬그머니 그 자리를 떴다. 전화기는 이미 이불장 깊숙이 넣어둔 지 오래였다. 알림 소리도, 전화벨 소리도 듣기 싫었다. 세상과 연결된 모든 것을 차단한 채, 나는 조용히 안으로만 가라앉았다. 아무도 만나고 싶지 않았고 지금 내 모습 누구에게도 보여주고 싶지 않았다. 그날, 마지못해 전화기를 꺼내 전원을 켰다. 수십 개의 알림이 쏟아졌다. 때마침 김희영 대표에게서 전화가 걸려 왔다. "제발 전화기 끄지 마세요. 목소리라도 듣고 삽시다."라며 온라인 독서 모임이 있는데 나를 추천했으니 전화 오면 받으라며 잔소리를 쏟아냈다. 빨리 건강 회복하여 사무실로 돌아오라는 당부도 잊지 않았다. 눈물이 핑 돌았다. 김희영 대표는 한국 웃음 치료 연구소의 전국 대표 강사이자 ㈜행복 디자인 교육컨설팅의 대표이기도

하다. 그 말에 이끌리듯 행복 누리 캠퍼스라는 오픈 채팅방에 입장했고, 온라인 독서 모임에 참여하게 되었다. 처음에는 한 시간 넘게 책상 앞에 앉아 있는 것이 고역이었다. 리더인 안현숙 대표는 2시간이 지나도록 모임을 이끌었다. 끝내도 좋을 법한데도 길게 이어졌다. 짜증도 났지만, 그 열정에 묘한 감동이 일었다. 안 대표는 코로나로 인해 오프라인 수업이 중단되자, 누구보다 빠르게 온라인으로 전환했다. 밤새 정보를 모아 매일 아침 공유하는 모습은 존경스러웠다. 그녀는 내게 온라인의 정보통이었다. 디지털 노마드의 삶을 외치며 관련된 정보들을 가져왔고 밤잠을 설치며 공부했다.

나도 달라져야 했다. 야행성이던 내가, 새벽 4시 30분에 알람의 힘으로 눈을 뜨기 시작했다. 나는 새벽에 일어나 본 적이 없었다. 백일만 해보자는 결심으로 하루를 열었고, 매일 새벽 독서 모임에 참여했다. 처음엔 힘들었지만, 새벽의 공기와 점점 밝아오는 창밖 풍경은 묘한 생기를 줬다. 통증은 여전했지만, 집중하고 있는 동안엔 아픔을 잊을 수 있었다. 그렇게 나는 하루를 버티는 법, 아니 살아가는 법을 배워갔다. 안 대표는 많은 정보 속에서 우리에게 꼭 필요한 부분들을 공부하라고 재촉했다. 오픈 채팅방에는 수많은 사람이 자신의 홍보물을 공유했다. 하루에도 수백 개의 글이 올라왔고 그중 내 눈길을 끈 하나가 있었다. 3p 바인더 무료 특강이었다. 강사는 네 아이 아빠이며 공무원이었다. 아주 차분하고 성실한 그의 말투와 인상은 신뢰감을 주었다. 나는 강의 중 바로 신청서 작성했고 901 플래너를 구매했다. 그 인연으로 '엄빠독'이라는 새벽 독서 모임에 참여하게 되었다. 새벽 5시에서 6시까지 책 읽고, 10분간 나누는 짧은 시간이었지만 내겐 무엇과도 바꿀 수 없는 소중한 시간이었다. 1년 넘게 매일 새벽에 만나는 사람들은 사십 대와 오십 대의 젊은 워킹맘들이었다. 다둥이 아빠의 개인 사정으로 독서 모임은 문을 내렸다. 그래도 내 새벽 기상은 멈추지 않았다. 새벽 공기의 신선함, 새와 벌레 소리, 나뭇잎 흔들리는 소리, 점점 밝아오는 여명 속에서 깨어나는 하루, 그 모든 일이 나를 서서히 일으켰다. 머리도 맑아지고 집중도 잘 되었다. 그렇게 하루하루가 산뜻하게 시작되었다. 백일을 채운 후, 이번엔 천일을 목표로 세웠다. 그 당시 하루 평균 수면 시간이 4시간에서 4시간 30분. 아픈 몸 너무 혹사하는 게 아닐까? 라는 걱정도 되었지만, 습관 되면 괜찮겠지, 생각하며 밀어붙였다. 김미경 대표가 운영하는 MKYU에서 시작한 모닝 쨱쨱이 프로그램은 유행처럼 온라인에 번졌고, 나 역시 인증 사진을 올리며 나도 할 수 있다는 자신감을 얻었다.

 그렇게 디지털 세상 속으로 한 걸음씩 빠져들어 갔다. 컴퓨터, 글쓰기, ppt, 줌 사용법까지 배웠다. 그렇게 온라인을 헤매며 공부한 이유는 집중하고 있는 동안 통증을 잊을 수 있었기 때문이었다. 가끔 아파서 짜증이 났지만, 아무것도 안 하고 있을 때보다 무언가를 하고 있다는 사실이 내게 위로가 되었다. 오픈 채팅방 운영 교육을 유료로 수강하고 나만의 채팅방을 만들었다. 강사를 섭외하고, 블로그로 홍보하고, 설문지 만들어 다른 방을 돌아다니며 강좌를 알렸다. 단순히 지식을 익히는 수준을 넘어, 내가 다시 살아 있음을 증명하는 시간이기도 했다. 젊은 세대가 열광하는 디지털 노마드라는 세계, NFT, 메타버스, AI, 처음 듣는 단어들이 넘쳐났지만 두렵지 않았다. 오히려 그 세계에 들어서며 나는 다시 배우는 사람이 되었다. 몇몇 강좌는 실망스러웠고, 평생회원이라는 명목으로 수백만 원을 요구하는 곳도 있었다. 심지어 부도내고 사라지는 곳도 있었다. 그 속에서 내가 배운 것은 온라인이든 오프라인이든, 결국 사람이 전부라는 것이다. 그래서 나는 내가 누구에게 돈을 받고 정보를 주는 일은 하지 않았다. 평생회원 모집으로 수익을 창출하라는 멘토의 말도 있었지만, 누군가의 평생을 책임질 자신이 없었기 때문이다. 그것은 핑계가 아니라 솔직한 심정이었다. 나는 아직도 환자이며, 지금도 회복 중이었고, 나조차 온전히 책임지기 버거운 몸과 마음을 안고 있었기 때문이었다. 대신 나는 꾸준히 참석했다. 새벽 독서 모임, 줌 강의, 나만의 작은 루틴들, 내게 허락된 시간 속에서 최선을 다했다. 삶은 대단한 결심이나 거대한 사건이 아니라, 매일 아침의 작은 습관이 모여 바뀐다는 사실을 알게 되었다. 통증이 있다고 멈추지 않았고, 피곤하다고 포기하지 않았다. 무너졌던 삶 속에서 다시 나를 일으켜 세운 힘은 작은 실천에서 시작되었다. 누군가의 응원, 새로운 도전, 그리고 해보겠다는 나의 의지. 이들이 나를 다시 움직이게 했다. 그리고 그 결과 한 걸음 앞으로 나아가는 지금의 내가 있다. 삶을 바꾸는 건 거대한 결심도, 대단한 계기도 아니다. 매일 아침 힘들지만 일어나 한 줄 책을 읽고, 따뜻한 물을 마시고, 화면 너머 만나는 이들에게 웃으며 인사를 나누는 작은 일상이. 무너졌던 나를 다시 일으켜 세웠다. 내 삶의 방향을 옮겨 놓았다. 희망은 멀리 있는 게 아니라 지금, 이 순간 작고 사소한 내 행동 안에 숨어있었다.

4장

허리가 펴지자
활짝 핀 노년의 삶

　　　　허리가 펴지니 삶이 달라졌다. 얼굴에는 미소, 마음에는 여유가 생겼다. 몸의 중심이 바로 서자 인생의 중심도 다시 세워졌다. 작은 변화는 큰 울림으로 다가왔고, 새로운 도전 앞에 선 나를 발견했다. 회복이 내게 안겨준 기적은 노년의 삶을 더 당당하게 세상 속으로 나아가게 하는 또 하나의 기적이다.

※
※
※

몸의 중심이
인생의 중심

    허리 수술 후 통증은 거의 사라졌지만 그것이 회복을 의미하지는 않았다. 퇴원 전날까지도 체중을 싣는 보행 보조기를 사용했고, 퇴원 당일에 보행 보조기 없이는 걷지 못했다. 다리에 힘이 없어 휘청거리자, 가장 놀란 건 남편이었다. 담당 의사는 급히 남편에게 지팡이를 사 오라 했고, 나는 지팡이에 의지한 채 병원을 나서야 했다. 그날의 발걸음은 내 인생에서 가장 무겁고도 낯선 걸음이었다. 수술했으니 이제 나아질 거라는 막연한 기대와는 달리, 현실은 그리 호락호락하지 않았다. 회복하기 위해 재활병원에 입원했지만, 상황은 녹록지 않았다. "3개월 동안 집중해서 열심히 해봅시다. 그 시기를 놓치면 회복은 점점 더 어려워집니다."라는 주치의의 단호한 말은 경고 같았지만, 나는 희망으로 받아들였다. 석 달만 열심히 하면 괜찮아질 거라는 믿음 하나로 매일 치료실을 오갔다. 그러나 시간이 지날수록 내 몸의 반응은 더뎠다. 발가락 감각은 돌아오지 않았고, 발목 움직임도 제한적이었다. 병원에서는 웃는 얼굴 유지하려 애썼지만, 그 웃음은 점점 굳어졌다. 몸이 비틀거리니 마음도 휘청거렸다. 몸이 아프니, 세상이 온통 거슬렸고 아이의 웃음소리조차 소음처럼 느껴졌다. 가까운 사람들과의 대화마저 피곤하게 다가왔다. 몸이 이렇게까지 나빠질 줄 몰랐다는 자책과 함께 이대로 살 수 없다는 위기의식이 고개를 들었다. 재활치료를 게을리하지 않았던 것도 그 때문이었다. 하지만 기대만큼 빠른 변화는 오지 않았다. 그때야 비로소 의사의 말뜻을 실감했다. 회복에는 시간이 필요하다는 사실, 그리고 그것이 단순한 노력의 양만으로 해결되지 않는다는 사실도 알았다. 그 순간 나는 마음속으로 다짐했다. 지팡이를 버리는 날, 내 삶이 다시 시작될 거야.

해가 바뀌어도 몸은 제자리걸음을 하고 있었지만, 나를 일으켜 세운 건 배움이었다. 새벽 독서 모임과 멤버십 강의를 접하면서, 할 일이 없던 집안에서 배울 게 넘치는 온라인 세상으로 발걸음을 옮겼다. 수백 개의 오픈 채팅방에서 매일 무료 강의가 열렸고, 나는 닥치는 대로 참여했다. 그 속에서 새로운 정보와 사람들을 만났다. 스마트폰 활용법, 동화 낭독, 자기 계발 강의, ppt 제작까지 다양했다. 하나씩 익혀갈수록 자신감이 생겼고, 나중엔 내가 직접 ppt 강의를 맡기도 했다. 가상공간 메타버스, 제페토, 이프랜드에서 활동하며 새로운 세상인 가상공간을 체험했고, 책도 열심히 읽었다. 다만 너무 꼼꼼한 성격이라 속도는 느렸지만, 그만큼 차근차근 내 방식을 만들어갔다. 그 과정에서 소개받은 '자이언트 북 컨설팅'의 이은대 대표를 만나 글쓰기 수업을 들었고, 지금도 이어가고 있다. 수많은 활동 속에서 내게 꼭 필요한 것만 남기자는 결론에 도달했다. 덕분에 더 이상 불필요한 일에 에너지 낭비하지 않았고, 무엇이 우선인지 조금씩 분별할 수 있었다. 그럼에도 여전히 숙제로 남은 일들이 있다. 블로그, 인스타그램, 유튜브 영상 제작은 아직도 나를 기다리고 있다. 특히 블로그는 처음 배울 때 너무 어렵게 접근한 탓인지, 이제는 듣기만 해도 지겹게 느껴진다. 과했던 집착이 오히려 흥미를 잃게 만든 셈이다. 하지만 나는 안다. 아직 끝난 것이 아니라 잠시 멈춰 선 것임을.

회복도, 삶도 자연의 순리와 같았다. 씨앗이 뿌리를 내리고, 비바람을 견디고, 계절이 바뀌어야 꽃이 피고 열매가 맺듯이, 내 몸도, 내 삶도 그렇게 천천히 회복의 길을 걷고 있었다. 지금 내 삶의 속도는 마치 노인 보호구역 제한 속도인 시속 30km 같다. 답답할 만큼 느리지만, 나는 그 속도를 인정하고 받아들이기로 했다. 문득 이런 생각이 들었다. '만약 내가 허리 수술을 받지 않았다면, 나는 지금 어떤 삶을 살고 있을까?' 아마도 아무 생각 없이 그저 흘러가는 일상에 안주했을지도 모른다. 그러나 지팡이 짚고 퇴원하던 그날, 나는 깨달았다. 몸의 중심을 잃는 순간, 마음도, 관계도, 삶 전체도 무너질 수 있다는 사실을. 그제야 실감했다. 그 무너짐이야말로 내 인생의 전환점이었다. 다시 중심을 세우기까지는 수많은 선택과 좌절이 있었고, 무엇보다 시간이 필요했다. 단순히 통증이 사라진다고 해서 삶이 회복되는 것은 아니었다. 몸이 낫는 것과 인생이 회복되는 것은 전혀 다른 문제였다. 진정한 회복은 내 인생의 주인공으로 다시 설 수 있다는 믿음에서 시작되었다.

 몸의 중심을 바로 세운다는 말은 단순히 자세를 교정하는 차원을 넘어선다. 무너졌던 마음과 태도, 나를 둘러싼 관계까지도 다시 정리하고 재배치하는 일이다. 지팡이에 의지하며 걷던 그 시절, 나는 내 삶도 누군가의 도움 없이는 제대로 굴러가지 못할 거라 믿었다. 그러나 조금씩, 느리지만 확실하게 중심을 잡아가면서 선택과 수정을 반복했고, 결국 다시 두 발로 섰다. 삶을 바꾸는 건 거창한 사건이 아니다. 아주 사소하지만 작은 의지, 소박한 실천, 그리고 나 자신을 향한 단단한 믿음에서 시작된다. 지금도 내 걸음은 느리다. 그렇지만 괜찮다, 돌아가도 괜찮다. 중요한 건 멈추지 않고 꾸준히 하는 데 있다. 내가 걸어온 길은 누군가에게는 평범한 이야기일 수 있다. 그러나 내게는 삶을 뒤흔든 큰 전환점이었다. 허리가 펴지자, 마음이 펴졌고, 인생이 다시 보였다. 통증이 사라지자, 삶의 기쁨이 돌아왔다. 지팡이에 의지하던 내가, 다시 두 발로 일어섰다. 중심을 잃었던 삶은 이제 균형을 되찾았다. 그 경험을 통해 나는 확신하게 되었다. 몸의 중심을 세운다는 것은 곧 인생의 중심을 다시 세우는 첫걸음이다. 척추가 바로 서야 인생이 바로 선다는 사실을 뼛속 깊이 새기게 되었다.

작은 변화,
큰 울림

"나는 일주일에 두 번 여자가 되고, 살아 있다는 생각에 행복해요."

여고 졸업 40주년 행사에서 만난 은사님께서 이런 말씀을 하셨다. 여든이 넘은 최명금 선생님은 복지관에서 화요일과 목요일에 일본어를 강의하셨다. 강의가 있는 날에는 새벽에 일어나 씻고 화장한 뒤, 조용히 앉아 오늘 강의 내용을 복습하고 예습했다. 준비를 마친 뒤에는 어떤 옷을 입을지 고민한다며 수줍은 미소를 지으셨다. 집을 나서 복지관으로 향할 때 설렌다고 하시는 선생님의 상기된 표정에서 나오는 뿌듯함이 행복하게 보였다. 그리고 또 한 분, TV 프로그램에 출연한 그 당시 95세 은퇴한 교장선생님 이야기다. 65세에 정년퇴직한 뒤, 별다른 목표 없이 세월만 흘려보냈다. 증손자들이 차려준 구순 잔치가 열렸다. 축하의 인사와 웃음이 가득했던 그날 밤, 잠자리에 누워 지난 세월을 돌아보니 이렇게 오래 살 줄 몰랐다. 그동안 나는 뭘 하며 살았나 한심하다는 생각이 들었다. '이러다 그냥 끝나겠구나.' 싶어 부끄러웠다. 그때부터 영어를 가르치기 시작했고, 지금은 복지관에서 재능 기부하며 인생 2막을 살고 있다. 증손자들 덕분에 살아 있음을 느꼈고 봉사하며 보람 있는 삶을 살고 있다는 이야기였다. 인생은 언제든 마음만 먹으면 다시 시작할 수 있다는 사실을, 그 두 분이 증명해 주었다. 두 분의 이야기를 듣고 나의 미래를 생각하게 되었다. 그 이후 라인댄스 자격증을 취득하고 장애인 생활시설에서 매주 목요일 봉사활동을 했다. 대부분 의사소통이 어려운 여성들이었고, 지적 수준은 유아와 비슷했다. 음악과 춤으로 하는 봉사는 처음이어서 설렘과 긴장 속에 첫 수업을 시작했다. 체조와 스트레칭으로 수업의 문을 열었다. 누군가는 음악에 맞춰 몸을 흔들었고, 어떤 이는 무표정으로 쳐다보기만 하고, 자기 손톱을 이로 뜯고 있으며, 머리를 흔들고 무릎을 두드리는 이들. 서로 다른 반응이었다. 동작을 따라 하는 사람은 거의 없었고 자기가 하고 싶은 대로 몸을 움직였다. 표정은 조금씩 변해갔다. 마칠 때쯤 그들의 표정은 시작할 때와는 달리 손뼉 치며 웃고 알아들을 수 없는 말을 내게 했다. 수업이 끝나 인사할 때는 내 목을 끌어안았다. 첫 수업이 끝나고 차에 앉았을 때 온몸이 땀으로 젖어 있었다. 한동안 생각에 잠겼다. '동작을 따라 하지 못해도 좋다. 이 시간이 즐겁고 기다려지는 시간이 되면 그것으로 충분하다.' 그것이 나의 수업 목표였다. 몇 주가 지나자 조금씩 변화가 보였다. 내 이름은 몰라도 나를 '댄스'라고 부르는 이들이 생겼다. 음악이 흐르면 내 앞으로 다가와 가슴을 두드리며 자기가 좋아하는 곡이라고 표현했다. 그들의 표정과 움직임으로 취향을 파악해 맞춤형 수업을 준비했다. 그 이듬해 연말 크리스마스 행사 무대에 출연하게 되었다. 춤을 완벽하게 추는 건 중요하지 않았다. 그들 전원이 무대에 오르길 원했고, 함께 음악에 맞춰 웃고 몸을 움직인다는 사실만으로도 기적 같은 일이었다. 무대 아래에서 그 모습을 지켜보던 가족들은 눈물을 흘리며 함성과 함께 우레와 같은 박수를 보냈다. 나도 울컥했다. 그렇게 6년 동안, 그들과 함께 울고 웃으며 댄스로 소통했다. 그 시간은 내 삶을 단단하게 채워주는 귀한 경험이었다. 이후 노인대학 여러 곳에서 댄스를 가르치게 되었다. 어르신들과 함께한 수업은 또 다른 배움이었다. 수업 당일은 잘 따라 했지만, 다음 주가 되면 잊어버리고 안 배웠다고 하는 경우가 많았다. 예전 같았으면 당황했을 일이다. 하지만 이제는 그조차 자연스럽게 받아들이게 되었다. 반복이 필수였고, 기다림이 필요했다. 그렇게 쌓아 온 신뢰 덕분에 일본 크루즈 여행을 함께 떠날 정도였다. 여행 내내 안내와 인원 점검, 차량 탑승, 식사, 사진 도우미까지 맡았다. 그들의 웃음 속에서 진한 보람을 느꼈다. 전국에서 모인 노인대학 어르신들이다 보니 그분들을 모시고 온 학장님들과의 만남도 자연스러웠다. 열정 가득한 학장님들의 부탁으로 일정에도 없는 라인댄스를 선보이며 즐거운 한때를 보내기도 했다. 그 인연으로 강릉과 속초의 학장님들이 보내주신 옥수수를 몇 년간 맛있게 먹을 수 있었다. 지금도 카톡으로 연락하고 있다. 그러던 어느 날, 강사비를 제시하며 강의 요청을 받았다. 그렇게 봉사로 시작한 활동이 점점 넓어지고, 경제적인 보상까지 따라왔다. 보람에 보상이 더해지니 감사함은 배가 되었다.

줌 수업도 빠지지 않고 참석했다. 의자에 앉아 듣는 수업은 허리에 부담이 컸지만, 가능한 한 카메라 켜고 참여했다. 수술한 허리로는 1시간 이상 같은 자세로 앉아 있는 일이 힘들었다. 통증이 오면 카메라를 잠시 끄고 일어나 허리를 펴고 스트레칭을 했다. 때로는 의자에 기대고 서서 수업을 듣기도 했다. 그렇게라도 수업을 끝까지 듣고 싶었다. 하지만 가끔은 체력이 따라주지 않아 아쉬울 때도 있었다. 메모해 놓고도 중요한 수업을 놓친 날이면 '이 나이에 뭘 하겠다고.'라며 자책할 때도 가끔은 있었다. 다른 이들이 하는 많은 강의 프로그램을 보며 '왜 나는 잘하는 게 없을까?' 하고 실망하기도 했다.

댄스는 여전히 내게 큰 기쁨이지만, 수술한 몸으로는 예전처럼 춤을 출 수 없다. 내 몸 안에는 여전히 여섯 개의 나사가 있다는 사실을 잊어서는 안 된다. 발동작은 가능해도 몸의 선을 살리는 큰 움직임은 아직 조심해야 한다. 그래서 나는 스스로에게 묻는다. '지금의 나는 무엇을 할 수 있을까? 내가 잘할 수 있는 일은 무엇일까?' 봉사를 통해 많이 배웠다. 누군가를 돕는다는 사실보다, 그 시간이 나를 살아 있게 만드는 과정이었다는 것을. 내가 뭘 할 수 있느냐는 질문에서 시작했지만, 어느 순간 지금 하고 있는 일이 누군가의 삶에 작은 빛이 될 수 있었음을 알았을 때, 내 삶도 다시 빛나기 시작했다. 삶이 무너졌다고 느껴질 때, 다시 일어서려는 의지는 아주 작은 실천에서 시작된다. 크게 뛰지 않아도 괜찮다. 마음을 다해 지금 할 수 있는 일을 해 나가면, 그것이 나를 일으키는 힘이 되고, 세상을 향해 한 걸음 더 다가갈 수 있는 용기가 된다. 오늘 한 걸음 내디뎠다면, 그건 분명 어제보다 나아진 오늘이다. 누구에게나 불안과 고통의 시기는 온다. 지금 내가 하고 있는 이 작고 미미한 변화들이 모여 누군가의 인생에 따뜻한 바람이 되어줄지도 모른다. 살아 있다는 건, 여전히 사랑할 수 있고, 누군가에게 힘이 될 수 있다는 뜻이다. 오늘 내가 내딛는 한 걸음이, 내일의 희망이 되리라 확신한다.

스마트폰 강사,
나의 첫 도전

 아무것도 할 수 없다고 느끼던 나에게, 어느 날 갑자기 변화가 찾아온 것은 아니었다. 작은 습관들이 일상을 채우기 시작하면서 새로운 질문이 내 안에 생겼다. 새벽 독서 모임, 컴퓨터와 스마트폰 수업을 마친 뒤의 아침 식사, 그리고 산책, 저녁에는 온라인 강의를 듣는 생활이 반복되다 보니 이런 생각이 들었다. 이제 어떻게 살아야 하지? 매일매일 이것이 걱정이었다. 거울 속에 비친 내 모습은 충격이었다. 윤기 없이 푸석푸석한 얼굴, 질끈 묶은 머리, 돌아가신 할머니 같았다. '이게 뭐야? 이렇게 사는 건 아니지.' 미장원에 가야겠다는 생각이 들었다. 머리 스타일을 바꿔야겠다고 마음먹고 미용실을 찾았다. 긴 시간을 앉아 있기 힘들어 원장님께 빨리 끝낼 수 있는 스타일로 해달라고 부탁했다. 원장은 지팡이 짚은 내 모습을 보고 놀라 물었다. 무슨 일이 있었냐는 질문에 나는 지난 일을 간단하게 설명했다. 집으로 돌아오는 차 안에서 다시 물음표가 떠올랐다. 지금부터 나는 무엇을 하며 살아가야 할까? 할 줄 아는 것도, 할 수 있는 일도 없었다. 하지만 뭔가를 찾아 다시 시작해야 한다는, 다짐은 분명했다. 집에 도착하자마자 온라인에서 배운 내용을 정리했다. 누구나 손에 쥐고 사는 것이 스마트폰이고, 이제는 스마트폰 없이는 살기 힘든 세상이다. 그렇다면 나는 배워서 가르치는 강사가 되어야겠다고 결심했다. 때마침 한국 웃음 치료연구소 김희영 원장이 운영하는 스마트폰 활용 교육 프로그램이 눈에 들어왔다. 바로 등록하고 매일 강의를 들으며 유튜브를 검색해 따라 했다. 복습하고 반복하는 일상이 새롭게 채워졌다. 그러던 중 스마트폰 강사로 활동하던 김민철 국장에게서 워크넷을 통해 정부 지원 일자리인 디지털 배움터의 강사 모집 소식을 전해 들었다. 주저하지 않고 서류를 제출했고, AI 면접을 통과해야 한다는 사실에 긴장했다. 손 떨림이 심했던 나는 오른손 위에 왼손을 겹쳐 잡으며 면접에 임했다. 다행히 합격 통보를 받았고, 반일제 스마트폰 강사로 활동을 시작할 수 있었다. 배치된 곳은 보건소, 건강생활 지원 센터, 그리고 경로당이었다. 강의마다 계획서를 작성하고, PPT를 준비했다. 어떤 곳에는 장비가 잘 갖춰져 있었지만, 그렇지 않은 곳은 어르신들과 마주 앉아 일일이 설명해야 했다. 경로당은 특히 열악했다. 방바닥에 앉아 자세를 낮추고 설명을 이어가야 했기에 몸도 마음도 힘든 과정이었다. 회원 가입이나 출석 체크, 역량 진단 같은 기본 절차조차 어르신들에게는 큰 벽이었다. 글씨는 작고, 용어는 낯설고, 손놀림은 무디고 느려서 두세 번은 반복해야 겨우 따라왔다. 어떤 분은 잘했지만, 어떤 분은 어려워했다. 기억에 남는 건 비 오는 날 보건소 수업이었다. 지팡이 짚은 채, 한 손엔 우산, 다른 한 손엔 가방을 든 채 겨우 교육장에 들어갔다. 젖은 옷과 미끄러운 길에 대한 긴장감이 나를 짓눌렀다. 화장실에 들어가 물기를 닦으며 눈물도 함께 닦았다. 그 순간은 참 힘들었지만, 수업을 마친 뒤 어르신들이 보여주는 웃음과 성취감은 나에게 큰 위로와 힘이 되었다. 경로당에서는 또 다른 현실과 마주했다. 폴더폰을 쓰는 어르신들이 많았다. 전화 오면 끄는 방법을 몰라서 어쩔 수 없이 받는다고 말하거나, 벨 소리가 울려도 본인 전화인지 몰라서 늘 손에 들고 있어야만 했단다. 혹시 전화가 올까 불안해서 내려놓을 수 없다는 말에 공감이 되면서 마음이 아팠다. 그들에게 스마트폰은 편리한 도구가 아닌 불편하고 불안한 기계였다. 하지만 작은 성공을 거둔 후 미소 짓는 얼굴을 볼 때마다 나 역시 보람으로 가득 찼다.

강의를 이어가는 동안에도 내 몸은 여전히 완전하지 않았다. PT를 받으며 재활을 계속했지만, 발목의 힘은 부족했고, 균형도 잘 잡히지 않았다. 헬스장은 붐벼 기다리는 시간이 많아 재미가 없었다. 그래서 맞춤형으로 진행되는 필라테스를 선택했다. 내 몸에 맞게 진행되는 수업이 즐거웠고, 조금씩 균형이 잡혀갔다. 어르신들과의 수업이라 마스크 끼고 조심했지만, 코로나에 걸리고 말았다. 강의를 중단해야 했다. 몸은 아팠지만, 그 시간은 내게 달콤한 휴식이었다. 몇 달이 지나 그해 강의가 종료되었다. 몸은 피곤했고 힘들었지만 알차고 보람 있는 귀중한 시간이었다. 나는 해냈고, 성공했다. 이제는 스마트폰을 자유자재로 다룰 수 있었고, 누군가에게 유용한 정보를 전달할 수 있는 강사가 되었다. 또 하나의 변화는 독서 모임이었다. 그해는 새벽 독서 모임을 시작했고, 리더로 활동하며 책 선정하고 회원들과 함께 책 읽고 피드백을 나누었다. 캐나다 밴쿠버에 사는 영애도 있었다. 덕분에 우리는 국경을 넘어 글로벌 독서 모임을 이어갈 수 있었다. 새벽 5시, 따뜻한 물 한 잔과 함께 "파이팅!"을 외치며 하루를 시작한다. 책 한 줄, 오늘의 일정, 각자의 다짐을 나누는 그 시간은 서로에게 힘이 되고, 진심이 오가는 따뜻하고 귀한 순간이었다.

스마트폰을 배우겠다고 결심한 순간부터 내 인생은 방향을 바꾸기 시작했다. 지금 내가 들고 있는 스마트폰 하나, 책 한 권, 따뜻한 물 한 모금이 내일을 바꾸는 출발점이었다. 그 변화는 작고 단단한 다짐에서 출발했다. 늦었다고 생각했던 순간이 오히려 가장 빠른 실천이었다. 나는 시작했고, 나를 성장시켰다. 앞으로도 망설이지 않고 작은 도전을 시작할 것이다. 몸이 아파 주저앉았고, 삶의 방향도 잃었지만, 포기하지 않았다. 배워야겠다는 생각 하나로 시작했던 스마트폰 공부는 내 삶을 다시 움직이게 했다. 처음엔 수업 한 시간도 버겁고 두려웠다. 시간이 지날수록, 두려움보다 책임감을 느꼈다. 나는 못한다는 것에서 내가 해냈다고 바뀐 경험은 앞으로 어떤 도전 앞에서도 흔들리지 않을 내 인생 최고의 선물이 되었다. 나는 지금도 도전하고 있다. 글 쓰지 않겠다고 했던 내가 매일 아침 한 줄이라도 쓰겠다는 마음으로 실천하고 있다. 아무것도 할 수 없다고 느꼈던 나에게, 기본을 배워나가는 작은 실천이 새로운 나를 만들었다. 2022년, 그해는 내 삶을 다시 움직이게 한 잊을 수 없는 소중한 한 해였다.

인생 연장전,
다시 주인공으로

내가 재직하던 은행에서는 1년에 두 번의 인사이동이 있었다. 인사 이동철이 되면 지점은 시끌시끌하며 들썩거렸다. 어디로 발령 날지 모르는 불안과 기대, 익숙한 자리를 떠나야 하는 아쉬움이 뒤섞였다. 계 이동이 있던 어느 날, 퇴근이 제일 늦었다고 생각하며 급히 화장실에 갔는데 인기척이 들렸다. 누구냐고 물어도 대답이 없었다. 울고 있는 듯했다. 고개 숙인 채 눈물을 닦으며 나왔다. 하보경 씨였다. 이야기 좀 할 수 있겠냐고 물었더니 고개를 끄떡였다. 조용한 텔렉스 실로 데리고 갔다. 무슨 일이 있었는지 물었으나 쉽게 입을 열지 않고 눈물만 뚝뚝 흘리고 있었다. 혹시 속상하게 하는 고객이 있었는지 물었지만, 고개를 저으며 어렵게 말을 꺼냈다. 출납계에서 2년 동안 열심히 일했고 이번 계 이동에서 조금 편한 자리로 이동시켜줄 줄 알았다. 그런데 누구나 다 가기 싫어하는 국고계로 발령이 나서 속상하다며 자신이 일을 못 하는 건지, 아니면 미운털이 박힌 건지 속상해서 울었다고 했다. 입행 2년 차인 보경의 말에 공감이 갔다. 아직 은행 시스템을 완전히 이해하지 못했기에 더 민감하게 받아들였을 터다. 계 이동이 있고 나면 가끔 있는 일이다. 원하지 않는 자리로 가는 서운함, 익숙한 환경을 떠나는 불안이 여직원들에겐 눈물로 터져 나오곤 했다. 물론 남자 직원들도 속상해하는 경우도 많지만, 대부분 선후배와 술 한잔 마시며 툭툭 털어 내곤 했다. 국고계 업무 특성, 중요성을 조곤조곤 설명해 주었다. 지점에서 자신의 역할까지 설명해 주었더니 보경은 고개를 끄떡이며 내 말을 이해한 듯했다. 다음 날 출근하니 텔렉스 실 책상 위에 손 편지 한 통이 놓여 있었다. 전날 밤 나 역시 흔들렸던 순간들이 떠올랐다. 중요한 건 어떤 자리에 있느냐가 아니라 그 자리에서 어떤 의미와 가치를 찾느냐가 문제였다.

은퇴 후 행복 디자인 교육컨설팅에서 지부장 직함을 제안받았다. 처음엔 거절했다. 책임감 있게 일할 자신이 없었다. 하지만 희영 대표와 문경 원장, 김민철 국장은 일은 안 해도 된다며 그냥 타이틀만 지니고 있어 달라는 거절할 수 없는 부탁이었다. 결국 수락했다. 기대했던 건 아마도 기강을 잡아주는 어른의 역할이 필요했으리라 이해했기 때문이다. 웃음 교실은 새내기 강사들의 첫 무대였고, 역량을 성장시키는 훈련 장소였다. 수많은 강사가 이곳을 거쳐 각종 기관과 학교로 진출했고 나 또한 그중

한 명이었다. 희영 대표는 정이 많은 사람이다. 밤새워 만든 강의 자료를 기꺼이 공유하고, 새내기 강사들이 무대에 서기까지 반복 훈련을 도왔다. 그래서일까 이곳 출신 강사들은 최고 평가를 받는다. 대표는 아직도 전국을 돌며 강의한다. 늦은 밤 전화하면 강의 마치고 부산으로 오는 도중 휴게소에서 잠깐 눈 붙이고 있다는 말을 들을 때면 마음이 짠했다. 경차로 전국을 누비며 강의를 다녔다. 항상 경차로 장거리를 다니는 게 마음에 걸렸다. 차를 바꾼다고 했을 때 조금은 마음이 놓였다. 멀리 가는 강의는 다른 강사들 보내라고 해도 머니까 자신이 가야 한다며 기어이 본인이 간다. 대표는 강사들에게 최고의 무대를 만들어주고 싶어 했고, 아낌없이 지원했다. 이것이 희영 대표의 인생철학이었다.

   일주일에 네 곳의 경로당에 수업하러 갔다. 아파트 단지 내 경로당은 대개 할머니, 할아버지 경로당이 따로 있었다. 그런데 주택가의 경로당은 그렇지 않은 곳이 많다. 내가 수업하러 간 경로당은 함께 계시는 경로당이었다. 그곳의 분위기는 너무 좋아 하하 호호 웃음소리가 끊이질 않았다. 회장님이 할머니셨는데 혼자 계시는 할아버지들과 할머니들이 같이 요리해서 점심까지 함께 드시고 저녁까지 같이 식사하고 헤어진다고 했다. 혼자 먹는 게 싫어 식사를 건너뛰었는데 같이 식사하고 반찬도 같이 만드니 건강도 좋아지고 즐거운 하루가 된다고 할아버지들은 더

기뻐하셨다. 수업 시간에도 춤과 노래, 체조도 적극적으로 따라 하셨다. 할머니들 경로당은 댄스도, 노래도, 웃음도 잘 따라 한다. 할아버지들은 움직이기를 싫어하고, 노래 불러도 입도 안 움직인다. 그런데 마이크 넘겨 노래시키면 한 곡으론 부족했다. 무뚝뚝한 할아버지들 수업하다 보면 변해가는 모습이 아이들 같다. 오늘 수업하는 태도를 봐서는 다음 수업에는 결석할 것처럼 보이나 그다음 주 수업 때 빨리 와서 자리 잡고 앉아 있었다. 수업 마치고 나갈 때 표정은 올 때와 달리 웃으며 사탕 한 알을 손에 꼭 쥐여주고 가시는 분들도 있었다. 인원이 적은 곳은 회장님이 집집이 방문해서 나오라고 권해도 나오지 않는다며 "왜 이렇게 안 나오는 걸까요?"라며 내게 물었다. 그 질문을 듣는 순간 문득 친정어머니가 떠올랐다. 이면도로 하나만 건너면 행정복지센터와 복지관이 있다. 프로그램도 다양하지만, 어머니는 단 한 번도 참여하지 않았다. 물어보니 이 나이에 뭘 배우러 다니냐. 그냥 가기 싫다는 말 안에 수많은 감정이 숨어 있었다. 자존심, 신체적 불편함, 민폐가 되면 어쩌나 하는 걱정, 낯선 공간에 대한 두려움, 결국 그 마음을 온전히 이해하려면, 내가 그 나이가 되어 봐야 할 것만 같았다. 새로운 무언가 시작하는 일이 부담스러워질 때, 그때 어머니 말이 가슴 깊이 다가올지 모르겠다. 지금은 그저 조심스럽게 짐작하고, 그 마음 존중하고 싶다는 생각뿐이었다.

글 쓰면서 알게 되었다. 내 인생의 주인공은 언제나 나였다는 사실을. 타인의 인정이 아닌 내가 나를 믿는 순간부터 나의 무대가 열렸다. 경험과 노하우를 글로 적음으로써 다른 사람에게 도움이 될 수 있다고 자이언트 이은대 대표로부터 누누이 들어왔다. 쓰지 않을 때는 그 말의 의미를 정확하게 알지 못했다. 글 쓴다는 건 단순한 기록이 아니라 삶의 흔적을 새기고 나 자신과 마주하는 시간이었다. 강사로, 리더로, 작가로 서기까지 수없이 주저했고, 거절했고, 두려워했다. 하지만 결국 해냈다. 버티던 자리에서 의미를 찾고, 피하려던 경험에서 나를 확장해 갔다. 삶은 의외로 순수하다. 내가 한 걸음 내디딜 때, 세상은 나를 위한 무대를 마련해주었다. 다시 조명을 밝힌 건 거창한 성공이 아니라, 내 안의 작은 용기였다. 그 하나면 충분했다. 내가 나를 믿는 용기에 의미와 가치를 부여하며 새긴 지금, 인생 연장전의 주인공 역시 나 자신이다.

회복이 준
또 한 번의 기적

"아이고 시원하다."

은행 문 열고 들어오는 고객들이 시원하고 좋다며 던지는 말이었다. 푹푹 찌는 한여름, 바깥은 숨 막히게 더웠지만 은행은 냉장고처럼 차가웠다. 고객들에게는 잠시 쉬어가는 피난처였지만, 그 속에서 하루 종일 근무하는 나에게는 시원한 게 아니라 추웠다. 차디찬 에어컨 바람은 피부를 넘어 뼛속까지 파고들었다. 어느 순간부터 시계 뒷면이 손목에 닿기만 해도 아렸다. 귀걸이, 목걸이조차 차갑게 변해 아무것도 착용할 수 없었다. 그렇게 20대부터 슬며시 찾아온 냉방병은 수십 년을 나와 함께 살았다. 여름이면 신문지가 나의 갑옷이었다. 은행 문을 들어서는 순간 배가 차가웠다. 출근하면 제일 먼저 신문지를 세 번 접어 배를 덮고 그 위에 유니폼을 입었다. 에어컨 바람을 조금이라도 막기 위한 나만의 방법이었다. 가방 속에 감기약은 항상 들어 있었다. 사계절 내내 목이 칼

칼했고, 콧물이 멈추지 않았다. 몸은 늘 무겁고, 붓고, 열도 없는 오한이 찾아왔다. 겨울 내복은 10월부터 입기 시작하여 이듬해 5월까지 이어졌다. 여름 유니폼을 입기 전까지 나의 겨울 필수 유니폼이었다. 여름에도 따뜻한 물로만 샤워했고, 스타킹은 필수였으며, 수면 양말 없이는 잠들 수가 없었다. 은행의 여름은 겨울보다 더 혹독했다. 반대로 겨울의 실내는 온풍기 바람으로 뜨거워 내 피부는 건조하고 거칠어졌다. 내 체온은 나 자신도 모르는 사이에 서서히 무너져 내렸다.

48세, 새로운 직장에 취직했다. 사하구에 있는 수입 목재회사 경리직이었다. 경리가 갑자기 그만두는 바람에 나 역시 갑자기 취직하게 되었다. 직원들의 시선은 차가웠다.

"경리를 왜 할머니를 뽑았어?"

"우리보다 나이 많은 경리한테 어떻게 일을 시켜?"

이해했다. 나라도 그랬을 것이다. 사장과 상무를 제외한 직원 전원이 나보다 어렸다. 하지만 나는 조용히, 묵묵히 내 일을 해냈다. 한 달도 되기 전에 그들과 나는 스스럼없는 동료가 되었다. 이 회사의 여름은 은행과 달랐다. 에어컨을 틀지 않았다. 사무실 여직원도 나처럼 찬바람을 싫어했다. 남자 직원들이 잠시 사무실에 들를 때만 잠깐 켜고, 곧바로 껐다. 우리는 선풍기 하나면 충분했다. 하지만 냉방은 사무실만의 문제가 아니었다. 하루 왕복 2시간을 지하철로 출퇴근했다. 냉방이 강한 열차 안은 은행을 연상하게 했다. 회사 업무상 은행에 자주 들러야 했고, 두세 시간 머무는 일이 많아 항상 겉옷을 챙겨야 했다. 신문지와 얇은 겉옷. 나에겐 여름철 필수품이었다. 2005년 5월. 전년도 영업 실적이 좋아 포상 차원에서 우리 회사와 거래하는 필리핀과 말레이시아에 있는 거래처로 여행을 갔다. 따뜻한 나라라 좋았다. 여기가 내 체질에 맞는 곳이라며 좋아했다. 팍상한 폭포에 들렀을 때, 뗏목 타고 폭포 아래로 향했다. 쏟아지는 물줄기를 온몸으로 맞는 동안 몸은 점점 차가워졌고, 버스로 돌아왔을 땐 몸이 굳는 듯한 느낌이었다. 따뜻한 물 마시고, 햇볕이 드는 자리에 앉았지만, 체온은 돌아오지 않아 몸은 차가웠고, 정신이 아득해졌다. 저녁 초대받은 거래처 사장 집에 도착하여 사모님 패딩을 덮고 에어컨 없는 방에서 그대로 잠들었다. 이튿날 산속 따뜻한 물이 펑펑 솟구치는 온천에서 한참을 나오지 않았다. 체온이 떨어지면 생명이 위험하다는 사실을 실감했다.

어느 날 운전 중 문득 "어? 에어컨 켰네. 언제부터지?" 나도 모르게 에어컨 켠 채 운전하고 있었다. 예전 같았으면 상상도 못 할 일이었다. 겨울이면 어르신들이 내 손이 따뜻하다며 잡아달라고 손을 내밀 때가 있었다. 라인댄스 시작하면서 체온이 서서히 올라가기 시작한 것이다. 단순한 춤이 아니었다. 운동은 몸의 겉만 바꾸는 게 아니라, 내 몸 구석구석에 잠든 세포들을 깨우는 일이었다. 손과 발이 따뜻해졌고, 수면 양말 없이도 잠을 잘 수 있게 되었다. 하지만, 수술 이후 다시 몸이 변했다. 손발은 차가워졌고, 체온이 뚝 떨어졌다. 밤이면 이불을 턱밑까지 끌어올렸고, 무심코 내 손에 닿은 남편은 깜짝 놀라곤 했다. 스포츠댄스를 배우기 시작했을 때 친구들이 내 손을 잡지 않던 이유를 그제야 알았다. 손이 차갑고 축축해서였다. 운동할 수 없게 된 나는 반신욕과 족욕으로 몸을 따뜻하게 데웠지만 이것만으로는 부족했다. 혈액순환이 안되면 면역력도 떨어지고 노폐물이 쌓인다. 노폐물을 배출시키고 혈액순환을 원활하게 하고 싶었다. 독소가 몸속에 쌓이면 혈관은 산소와 영양분을 제대로 전달하지 못하여 면역력도 급격히 떨어진다. 전신 해독이라는 방법으로 몸속 노폐물을 배출하고, 다시 순환이 이루어지니 체온도 서서히 올라갔다. 지금 내 체온은 36도. 예전처럼 37도까지는 아니지만 손발이 따뜻해졌고 감기에 걸리지 않으니, 몸도 가볍고 생기도 있었다.

체온을 지킨다는 건 따뜻하게 입는다는 말이 아니라, 내 몸을 살리고, 내 삶을 지켜내는 일이다. 올해 여름은, 그 추웠던 여름이, 반가웠다. 에어컨을 틀고 운전하고 있다는 사실이 꿈만 같았다. 은행에서, 지하철 안에서, 한여름 냉기에 무감각해질수록 내 몸은 점점 차가워졌고, 그것은 냉방병뿐만이 아니라 내 삶의 온도까지 떨어뜨리는 일이었다. 지금 돌아보면 가장 무서운 건 추위가 아니라, 내 몸의 신호를 무시한 채 버텨온 내 태도였다. 이제는 들을 줄 안다. 그리고 보호할 줄 안다. 내 몸의 작은 떨림 하나까지도. 에어컨보다 더 두려운 건, 내 몸의 신호를 무시한 채 살아가는 삶이었다. 나는 이제, 내 몸의 온도를 지키는 또 한 번의 기적을 만들었다.

내 몸을 지키기 위한 3가지 원칙

1. 사계절 내내 여분의 옷을 휴대한다

- 체온이 1도만 떨어져도 면역력은 눈에 띄게 약해진다. 특히 노년층은 체온 조절력이 약하기 때문에 바람이나 냉기에 노출되면 근육이 굳고 혈액순환이 나빠진다. 따뜻하게 유지하는 습관은 감기, 근육통, 허리 통증을 예방하는 가장 기본적인 방법이다. 실내가 너무 차갑게 느껴질 때 망설이지 말고 바로 덮거나 걸친다. 특히 허리와 복부를 따뜻하게 유지하는 습관이 중요하다. 작은 옷 한 벌이 병을 막고, 따뜻한 습관 하나가 몸을 지켜준다.

2. 하루 종일 따뜻한 물을 마신다.

- 우리 몸은 60~70%가 물로 이루어져 있다. 물은 혈액순환을 돕고, 피로를 줄이며, 노폐물을 배출하는 데 꼭 필요하다. 따뜻한 물은 체온을 유지하고 장과 위를 부드럽게 움직이게 해주지만, 찬물은 순간적으로는 시원해도 위장과 장을 수축시켜 소화와 흡수를 방해한다. 몸을 위한 가장 쉬운 건강 습관이 바로 '따뜻한 물 마시기'다. 아침에 일어나자마자 미지근한 물 한 컵은 밤새 쌓인 노폐물을 배출한다. 내 몸의 온도를 높인다는 마음으로 마시면, 피로감

이 줄고 소화가 훨씬 편해진다.

따뜻한 물 한 컵이 피로를 녹이고, 몸을 살린다.

3. 하루 30분 걷는다

- 걷기는 돈이 들지 않는 최고의 약이다. 가장 간단하면서 가장 효과적인 운동이다. 특별한 장비나 장소가 필요 없고, 누구나 지금 당장 시작할 수 있다. 매일 30분만 걸어도 혈액순환이 활발해지고, 근육이 강화되고, 수면의 질이 좋아진다. 무엇보다 마음이 맑아지고 스트레스가 줄어든다. 걷는 동안 새로운 생각이 떠오르고, 기분 좋은 에너지가 온몸에 퍼진다.

걸을 때는 호흡에 집중하며 마음의 소음도 함께 비워내는 시간으로 삼는다. 비가 올 때는 집에서 제자리 걷기로, 또는 계단을 걷는 것도 방법이다. 꾸준함이 최고의 방법이다.

하루 30분의 걸음이 내일의 건강을 만든다.

세상 속으로
다시 당당하게

　한때 외출조차 하지 않았다. 세상과 단절된 채 지냈다. 지팡이 짚고 거리 걷는 내 모습이 낯설었고, 거울 속에 비친 그 모습 마주하는 나 자신이 싫었다. 누군가의 시선보다 견디기 힘들었던 건, 그런 나를 내가 받아들이지 못했던 마음이었다. 가끔 지나가는 말처럼 들리는 질문들, 어쩌다 그렇게 됐어요? 어디 안 좋으세요? 툭 던지는 한마디에 괜찮다고 답했지만, 마음속에는 멍이 들었다. 한때 누구보다 활발하게 살아가던 나는 점점 세상과 담을 쌓고 있었다. 집 안에서 보내는 시간이 길어지고, 재활도, 독서도, 결국은 나 자신과의 싸움이었다. 산책조차도 남편 동행 없이는 어려웠기에 시간이 지날수록 '예전처럼 걸을 수 있을까?'라는 불안이 커졌다. 그 불안을 해소하기 위해 온라인 세상에 매달리기 시작했다. 키보드와 마우스 사용은 익숙했다. 하지만, 손 떨림이 심한 까닭에 세밀한 3D 작업을 한 번 만에 하지 못했다. 그렇게 실수를 여러 번 하다 보면 다음 순서를 놓쳤다. 메타버스 수업에서는 한 동작이라도 놓치면 따라가기 힘들었고 합동으로 하는 프로젝트는 다른 사람에게 주는 피해 때문에 부담감이 생겨 결국 포기하고 말았다. '차와 명상', '강사를 위한 강의'라는 프로그램이 나를 자극했다. '팔리는 강의 달콤한 인생'을 운영하는 강사의 수준 높은 강의였지만 늦은 시간에 시작했고, 책상 앞에 오래 앉아 있지 못하는 내게는 무리한 수업이었다. 쉬는 시간 없이 2시간 이어지는 수업과 계속되는 질의응답으로 새벽 1시경 수업이 끝나기도 했다. 전혀 다른 세계를 경험하는 기회가 되었다. 처음에는 생소한 용어에 당황했고, 다른 참여자들과 거리감이 느껴졌지만, 매주 수업을 반복하며 점차 귀에 익고 익숙해져 조금씩 이해되기 시작했다. 퇴근하고 집에 돌아와 늦은 시간 강의 듣고 열심히 공부하는 젊은 사람들을 보고 있으니 뿌듯함과 부러움을 동시에 느꼈다.

어느 날 라인댄스 회원들이 노래 배우고 싶다며 노래 강사를 소개해달라고 했다. 인원이 적어 미안한 마음에 나도 등록했다. 첫날, 마이크를 서로 미루며 겁먹은 듯 인사조차 제대로 하지 못했던 우리. 계제 선생님은 웃으며 입을 더 벌리라고, 노래는 입으로 하는 거라 말했고, 우리는 그 말에 웃음을 터뜨렸다. 어색함은 웃음으로 녹았고, 서로 부끄러워 목소리를 크게 내지 못했다. 입을 안 벌리는 게 아니라 못 벌리는 것이었다. 아는 노래가 없어서 못 부르고 있었다. 선생님은 웃으며 여태 노래도 안 배우고 뭣하고 살았냐는 말에 모두 웃음이 터졌고, 그렇게 노래교실은 늘 웃음으로 시작해 웃음으로 끝났다. 입을 열지 못하던 우리는 점점 큰 소리로 노래를 부르기 시작했다. 2년이 지난 지금, 거의 가수 수준으로 변했다. 마이크 피하는 사람이 없다. 선생님께서 웃으며 지난주 결석한 사람에게 마이크를 넘기며 노래 부르고 싶어서 어찌 결석했느냐며 놀린다. 지난주에 배운 노래도 곧잘 부른다. 가끔 선생님은 이젠 하산하라고 하며 놀린다. 선생님의 그 농담은 우리 모두의 발전을 증명해 주는 말이었다. 단지 노래 실력만이 아니라 우리 안에 있던 자신감이 자라고 있었다. 선생님은 내가 재활병원에 있을 때 병문안 오셔서 작은 음악회도 열어주셨고, 가끔 전화 걸어 우울증을 걱정하며 노래교실 나와서 스트레스 풀라고 권하기도 하셨다. 계제 선생님과 웃음 교실의 희영 대표, 문경 원장의 따뜻한 배려는 내 마음을 지탱해 주는 힘이 되었다.

작은 습관은 큰 변화를 만든다. 하루 1시간씩 온라인 강의 듣고, 짧은 시간이라도 꾸준히 스마트폰 기능을 익혔다. 그러다 보니 어느새 나도 강의하는 사람이 되었다. 책 읽기 30분, 동기부여 동영상 1편, 글쓰기 30분. 이런 짧은 시간의 반복이 삶을 바꾸고 있었다. 무엇이든 움직이지 않으면 아무 일도 일어나지 않는다고 하지 않았든가. 일단 시작이 중요하다. 라인댄스도, 노래도, 스마트폰 공부도 그냥 시작했을 뿐이다. 몸이 아픈 중에 대중가요협회의 감사직을 맡았기에 정기총회에서 감사보고를 했다. 절룩거리는 걸음걸이로 대중 앞에 선다는 게 부담이었고 자존심 상했지만, 누군가는 해야 할 일이었고 내가 감당해야 할 몫이라 생각했다. 여고 동기, 초등학교 동기 모임에도 참석했다. 수술 앞두고 고민하는 친구들에게 내 경험을 전하고, 회복되는 과정을 보여주었다. OB환은 동우회 모임에도 나갔다. 내 변화된 모습에 놀란 선배들은 아프고 힘들 땐 선배나 동료에게 기대야 한다며 연락하지 않음을 꾸짖었다. 다시는 그런 일이 없을 거라며 진심으로 사과했다. 집으로 돌아오는 길에 서로 걱정해 주는 마음에 뭉클했다. 그저 감사하고, 감사하고, 또 감사했다. 이제는 "별일 없습니다."라는 말이 얼마나 소중한지 알았다. 주변 친구 중에는 외래 진료를 다니는 사람도, 요양원이나 중환자실에 입원한 이도 있다. 지난달 모임에 함께했던 친구가 이번 달엔 참석하지 못한다는 이야기를 들을 때마다 건강은 스스로 지켜야 한다는 말이 절실해진다. 가끔 부고를 받을 때 물어보면 건강했는데 갑자기 그렇게 됐다고 했다. 아직은 나이가 아깝다는 생각이 든다. 자신의 건강은 자신이 책임져야 한다. 나는 지금 회복되어 가고 있다. 평소 내가 가진 나쁜 습관을 고치기 위해 매일 책상 앞에 붙여 둔 메모 "조금씩 꼭꼭 씹어라! 건강을 지키는 것이다." 소리 내어 읽으며 다짐한다. 가끔은 그 다짐조차 잊어버리지만, 다시 되짚고 또 해낸다. 때로는 내 친구들 보며, 주위 사람들을 보며 배우고 새긴다. 이제 세상 속으로 다시 나왔다. 예전보다 조금 더 단단해진 마음과 몸으로, 과거에는 남들의 시선이 두려워 숨어있었지만, 이제는 내가 나를 인정하기에 웃으며 걸어 나갈 수 있다. 그래야만 한다고 생각했다. 내 이야기를 꺼내는 것도, 변화된 나를 보여주는 것도 두렵지 않다. 나는 아팠고, 견뎠고, 회복했고, 다시 살아가고 있다. 그리고 그 삶의 주인공은 어제도, 오늘도, 바로 나이다. 세상 속으로 다시 나온 이유는, 내가 나를 믿었기 때문이다.

7

매일 책상 앞에
앉는 이유

몸이 아팠던 그때, 내 삶은 멈춰 있었다. 하루하루가 고통이었다. 사람들과 연락도 끊고, 집에만 틀어박혀 무기력한 시간만 보냈다. '내 인생 이대로 끝나는 건 아닐까?'라는 두려운 생각이 나를 괴롭혔다. 거리에서 건강하게 걸어가는 사람들조차 부러움이 아닌 미움의 대상이었다. 예전엔 밖에 나가야 뭐라도 배운다고 외치던 내가, 세상과 모든 연결고리를 끊고 깊숙이 숨어버렸다. 이런 모습은 내가 바라던 삶이 아니었다. 사람들과 어울리며 웃고, 배우고, 나누는 삶을 원했던 나는 어디로 사라졌을까. 그러다 별 뜻 없이 시작한 사소한 배움 하나가 내 삶을 다시 움직이게 했다. 침대 옆 탁자에 놓인 노트북을 켜고 블로그를 배웠다. '미리캔버스'라는 디자인 도구를 익히고, 낯선 프로그램들 앞에서 무수히 헤매며 시간을 보냈다. 그 낯선 세상 속에서 나는 조금씩 살아나기 시작했다. 내가 쓴 글에 누군가 공감하고 서로 이웃이 되자며 메시지를 남겼다. 나도 그들의 글에 공감하며 댓글 달고 '좋아요'를 눌렀다. 신기해서 한때는 블로그에 빠져 살았다. 그렇게 다시 세상과 연결되기 시작했다. 눈만 뜨면 블로그에 글 올리고 사진을 찾기 위해 픽사베이와 픽셀즈, 구글 등을 뒤졌다. 하루가 어떻게 가는지 모를 정도였다. 힘들게 배운 블로그에 글 올리는 시간도 조금씩 단축되어 갔다.

  1인 기업 강의를 들으며 전혀 다른 분야를 경험했다. MBTI 검사를 하고, 나의 사명과 비전을 적고 매일 직무 체크리스트를 작성했다. 사업이나 창업은 나와는 상관없는 일이라고만 생각했던 내가, 1인 기업 성공 전략을 배우고 있는 모습이 낯설었다. 지인 다섯 명에게 내 강점과 단점을 물었다. 내가 아는 나와 남이 보는 나를 비교하며 처음으로 나를 객관적으로 바라봤다. 자기소개서를 쓰고, 목표를 세우고, 버킷리스트를 작성했다. 그 시간이 내 인생을 다시 설계하는 시간이었다. 그런 색다른 시간이 모여 내 병든 몸과 움츠린 마음이 조금씩 펼쳐졌다. 새벽 6시 30분, 김종학 대표의 종이학 모닝 반의 줌 수업은 또 다른 세상이었다. 컴퓨터와 스마트폰 앱 강의가 시작되면, 화면을 멍하니 바라보다 수업이 끝나버리기 일쑤였다. 처음에는 무슨 말인지 알아듣질 못했다. 귀 기울이고 계속해 듣다 보니 어느 순간 들리기 시작했고, 들리니 하나씩 따라할 수 있었다. 지금은 컴퓨터 속도만 따라가 준다면 대부분 내용을 이해하고 잘 따라 한다. 내 컴퓨터는 2008년 구매하여 지금까지 사용하고 있으며 작업하는 용도가 아니라 그냥 한글 프로그램만 사용하는 수준이라 그때까지 내가 사용하는 데 아무런 문제가 없었다. 2019년 노트북을 장만 했다. 인터넷으로 내가 처음 구매한 제품이다. 라인댄스 음악과 동영상을 볼 수 있을 정도의 용도로 구매했다. 그때만 해도 디지털 세상에서 다양한 교육에 참여하고 활동할 생각을 못 했다. 그때 최신형으로 장만했더라면 속도도 빠르고 한꺼번에 여러 개의 창을 띄어 놓고 작업해도 문제없을 터인데 미래를 보는 눈이 없으니 불편하기 그지없다. 빠르게 움직이지 않아 한참 기다리다 보면 진도는 앞으로 쭉쭉 나가버려 실습은 거의 할 수 없는 수준이다. '씽크와이즈'라는 온라인 도구는 나의 삶을 편하게 만들어주었다. 책 정리, 시간 관리, 목표 설정까지 한눈에 정리할 수 있었다. 매일 아침, 이 도구로 삶을 정리하는 루틴은 어느덧 나의 일상이 되었다. 한국에서 개발한 이 프로그램이 왜 더 많이 알려지지 않았는지 아쉬울 정도였다. 그 외에도 캡컷, 글씨 팡팡, 마음을 담아, 콜라주 앱 등 수많은 디지털 도구를 배웠다. 매일 아침 1시간이 어떻게 흘러가는지 모를 만큼 정신없이 돌아갔다. 강사는 쉴 새 없이 가르치고, 우리는 질문할 틈도 없이 따라 하기 바빴다. 그렇게 매일 아침 줌으로 만났다. 하루가 다르게 변하고 있는 세상 속에서, 나 역시 배우고 익히지 않으면 도태된다는 위기감이 있었다. 시대에 뒤처지지 않기 위해, 절

박하게 붙잡은 하루하루였다. 줌(ZOOM) 사용법도 익혔다. 누군가에게 의지하지 않고, 직접 강사를 초청하고 강의를 열 수 있게 되었다. 줌으로 독서 모임도 하고, 수강생도 모집했다. 블로그에 글 쓰고, 구글 설문지에 QR코드를 만들어 공유했다. 작성한 블로그를 오픈 채팅방에 공유했다. 어떤 방은 광고 금지여서 거절당하기도 했다. 하지만 그 모든 과정이 나에겐 살아 있음이었다. 배운 것을 실천으로 옮긴다는 건, 내 삶을 내 손으로 만들어간다는 느낌이 들었다. 기적은 바로 거기에 있었다.

환은 동우회 모임 날, 회장님이 "너는 몇 살까지 살 것 같니?"라며 수명 예측 앱 이야기를 꺼냈다. 그는 자신이 85세까지 산다는 결과가 나왔다며 이제 남은 6년을 정리의 시간으로 쓰고 있다고 했다. 옷 정리, 사진 정리는 잘 되는데 재산 정리가 어렵다고 웃으셨다. "내 요트 팔기 전에 요트 한 번 태워줄게."라며 우리에게 기대감을 줘서 즐거운 시간이었다. 집으로 돌아오는 길에 문득 은행의 결산하던 때가 생각났다. 매년 연말이면 장부를 마감하고 내년에 사용할 장부를 만들어 이월하느라 밤을 새웠고, 그때 결산하는 게 너무 싫어 누가 1월부터 12월까지 만들어, 이렇게 고생시키냐며 원망했던 기억이나 웃음이 났다. 그래, 인생을 1년, 3년 단위로 정리하며 살아가는 것도 좋겠다는 생각이 들었다. 버킷리스트를 정리하고, 하고 싶은 일을 써 내려가며 인생의 우선순위를 짚어보기로 했다. 모든 일상이 배움이었다. 다르게 보고, 다르게 생각하고, 다르게 살아가려는 의지에서 모든 변화는 시작된다. 오늘도 책상 앞에 앉아 메모하고 필기하며 몰입하는 내 모습은 더 이상 낯설지 않다. 익숙하고, 자랑스럽다. 예전에는 삶이 나를 이끌었다. 이제는 내가 삶을 이끌고 있다. 그 방향을 밝혀 준 나침반은 바로 배움이었다. 병도, 나이도, 내가 멈추는 이유가 되지 못했다. 멈추지 않는 배움만이 나를 다시 살아가게 했다. 더 단단하게, 더 나답게. 살아 있다는 가장 확실한 증거는 오늘도, 책상 위 노트북 키보드를 두드리며 배우고 있다는 사실이다.

8

고통 뒤에서
진짜 나를 만나다

나는 사람을 좋아한다. 혼자 있을 때보다 여럿이 함께할 때 큰 에너지가 살아나고 즐거움이 컸었다. 라인댄스 강사를 시작한 이유도 바로 그 때문이었다. 새로운 분야를 배우는 일도 좋았지만, 누군가를 가르치고 함께 웃으며 땀 흘리는 순간들 속에서 더 큰 보람과 기쁨을 느꼈다. 무엇이든 완벽하게 준비된 상태에서 시작하기란 쉽지 않다. 나는 늘 움직이지 않으면 아무 일도 일어나지 않는다는 말을 가슴에 새기며, 먼저 몸을 일으켜 한 발 내디뎠다. 그 한 걸음이 길을 열어주었고, 세상과 이어지게 했다. 가만히 앉아 누군가가 해결해 주기를 바라는 삶은 사실상 제자리걸음이 아니라, 보이지 않는 후퇴임을 알게 되었다. 사람들과 어울리며 배우고, 웃고, 힘든 순간을 함께 나누다 보면 즐겁게 살아가는 법은 저절로 몸에 배었다. 그래서 점점 더 자주, 밖으로 나가고 싶어졌다.

어느 날 예고 없이 찾아온 통증은 나의 모든 일상을 송두리째 흔들어 놓았다. 통증이 시작된 순간부터 내 머릿속에는 오직 한 가지 질문만 맴돌았다. 어떻게 하면 이 고통에서 벗어날 수 있을까? 누구보다 부지런하고 성실하게 살아왔다고 자부했지만, 그 고통은 내가 얼마나 많은 걸 놓치고 살아왔는지 깨닫게 해주었다. 나는 늘 남의 시선을 의식했고, 다른 사람 기대에 맞추며 살았다. 몸이 아파도 괜찮아, 누구나 이 정도는 참고 사는 거지라며 대수롭지 않게 넘겼다. 그렇게 흘려보낸 수많은 몸의 신호들, 수술대에 누워서야 비로소 내 몸의 소중함을 깨달았다. 몸은 끊임없이 나를 향해 경고를 보냈지만, 나는 그 모든 신호를 외면하며 살아온 것이다. 수술 후, 힘이 빠져 허공만 휘젓는 내 발은 처참하기까지 했다. 땅을 똑바로 딛지 못하는 무력감, 무너져 내린 자존감 앞에서 고통은 내게 이렇게 속삭이는 듯했다. '이제야 알겠니? 네 몸을, 네 마음을 돌보며 살아라, 그렇게 달려온 시간, 도대체 누구를 위한 것이었니?' 그 순간 알았다. 고통은 불청객처럼 찾아왔지만, 내 삶에서 가장 강력한 조언자였다. 단순히 신체 이상만을 드러내는 게 아니었다. 지금까지 내가 외면해 왔던 삶의 태도, 억눌렸던 감정, 잘못된 습관까지 하나하나 돌아보게 하는 기회였다.

  라인댄스 회원 중 한 사람은 코로나 시기부터 지금까지 희귀병 치료를 위해 서울과 부산을 오가고 있다. 그녀는 하루에도 몇 번씩 예고 없이 찾아오는 고통에 시달렸다. 호흡이 가빠 숨쉬기조차 힘들고, 위가 쓰리고 아파 음식을 먹을 수 없었고, 머리가 지끈거려 귀까지 멍해졌단다. 다리는 퉁퉁 부어 신발조차 신을 수 없어, 슬리퍼만 질질 끌고 다닌다고 했다. 이런 상태니 집과 병원만 오갈 뿐, 누구를 만나거나 통화할 여유조차 갖지 못했다. 가족만이 그 고통을 묵묵히 함께 감내해야 했다. 어느 날 그녀가 불쑥 내게 전화를 걸어왔다. "선생님은 좀 어때요?"라며 그간 자신이 겪어온 힘들었던 과정을 털어놓았다. 그날의 목소리가 아직도 귀에 선하다. 하지만 지금은 연락이 되지 않는다. 안부 전화했지만, 답이 없다. 아마도 여전히 힘들어 아무에게도 연락하고 싶지 않은 모양이다. 아파본 사람만이 안다. 그까짓 전화 한 통이라 생각할 수 있겠지만 그렇지 않더라는 사실이 가슴 아프다. 그 작은 울림이 얼마나 큰 위로가 되는지를. 그래서 혹시라도 그녀가 다시 전화를 걸어올까 싶어 스마트폰 벨 소리를 크게 해두고 기다린다. 고통이 깊어질수록 말수는 줄고, 마음은 닫히고, 감정은 눌린다. 누워 있어도, 앉아 있어도 편하지 않은 하루하루. 그 무력한 시간 속에서 나는 남편에게도, 가족에게도, 심지어 세상에도, 쓸모없는 짐처럼 느껴졌다. 무엇 하나 제대로 할 수 없는 무력감이 나를 더 힘들게 했다.

그러던 어느 날 책장을 정리하다 책 속에 끼워진 사진 한 장을 발견했다. 처음 무대 위에 올라 라인댄스를 하며 활짝 웃고 있는 내 모습이었다. 한참을 멍하니 보고 있다가 나 자신에게 물었다. 나는 누구인가? 앞만 보고 달리기만 했던 내 삶에서, 고통은 멈춤의 기회를 주었다. 만약 내가 아프지 않았다면, 이 질문은 평생 내 삶에 등장하지 않았을지도 모른다. 아마 평생 허겁지겁 바쁘게, 남의 시선 속에서 그렇게 살았을 것이다. 지금은 평범하게 사는 삶이 얼마나 큰 행복인지 안다. 아무렇지 않게 걷고, 자유롭게 눕고, 따뜻한 햇살을 느끼는 그 순간조차 내겐 더없는 선물이 되었다. 천천히 걷는 지금의 삶은 처음엔 낯설고 불편했지만, 그 덕분에 그동안 보지 못했던 것들을 발견할 수 있었다. 길가에 핀 작은 꽃, 보도블록 사이를 뚫고 올라온 잡초, 이른 아침 빛나는 햇살, 함께 걷는 사람의 발소리, 예전엔 늘 바쁘게 걷고, 남과 경쟁하느라 스쳐 지나갔던 풍경들이었다. 지금은 그 모든 것이 감사로 다가온다. 이제는 내 삶에 새로운 루틴이 생겼다. 아침에 따뜻한 소금물 한잔으로 몸을 깨우고 짧은 명상으로 마음을 가라앉힌다. 그리고 오천 보 걷기를 목표로 하루를 시작한다. 예전의 나였다면 상상도 못 했을 변화다. 고통은 나를 멈추게 했고, 바로 보게 했고, 돌아보게 했다. 더 이상 남의 시선에 휘둘리지 않는다. 내 몸과 마음의 소리에 먼저 귀 기울인다. 느리지만, 훨씬 더 충만한 삶. 고통은 나를 무너뜨리려 찾아온 게 아니라, 진짜 나를 만나게 하려고 찾아온 선물이었다. 앞만 보고 달려왔던 시간 속에서는 느낄 수 없었던 작고 따뜻한 기쁨들. 고요한 평화가 이제는 내 곁에 머무르고 있다. 고통이 내 삶을 잠시 멈추게 했지만, 대신 삶의 진짜 속도를 알려주었다. 천천히 걷는 지금, 나는 오히려 더 깊고 단단해진 삶을 살아가고 있다. 고통이 여전히 내 곁을 맴돌지만, 이제는 두렵지 않다. 나는 그것을 받아들이고, 때로는 감사한다. 고통은 나를 무너뜨리는 적이 아니라, 내가 진짜 나로 살아가도록 이끄는 스승이었다. 넘어지고 주저앉아도 다시 일어서려는 마음, 작고 사소한 행복에 눈길을 주는 여유. 그리고 나 자신을 온전히 사랑하려는 다짐. 이것이 고통이 내게 남겨준 가장 소중한 선물이다. 앞으로 내 삶의 길이, 또다시 쉽지 않을지라도 나는 이미 알았다. 고통 뒤에는 반드시 새로운 내가 기다리고 있다는 것을.

5장

단단한 오늘,
건강한 인생

나는 몸이 보내는 신호를 놓치지 않으려 애썼다. 건강은 식탁에서 시작되었고, 다시 걷기 시작한 운동은 내 삶을 바꿨다. 내가 건강해야 우리 가족도 웃을 수 있었다. 비움은 기적의 시작이었고, 함께라는 힘은 나를 다시 살게 했다. 오늘의 선택 하나하나가 내일의 건강을 만들었고, 내 인생에는 '짱'이라곤 없었다. 모든 순간이 배움이고, 건강은 그 배움의 열매였다.

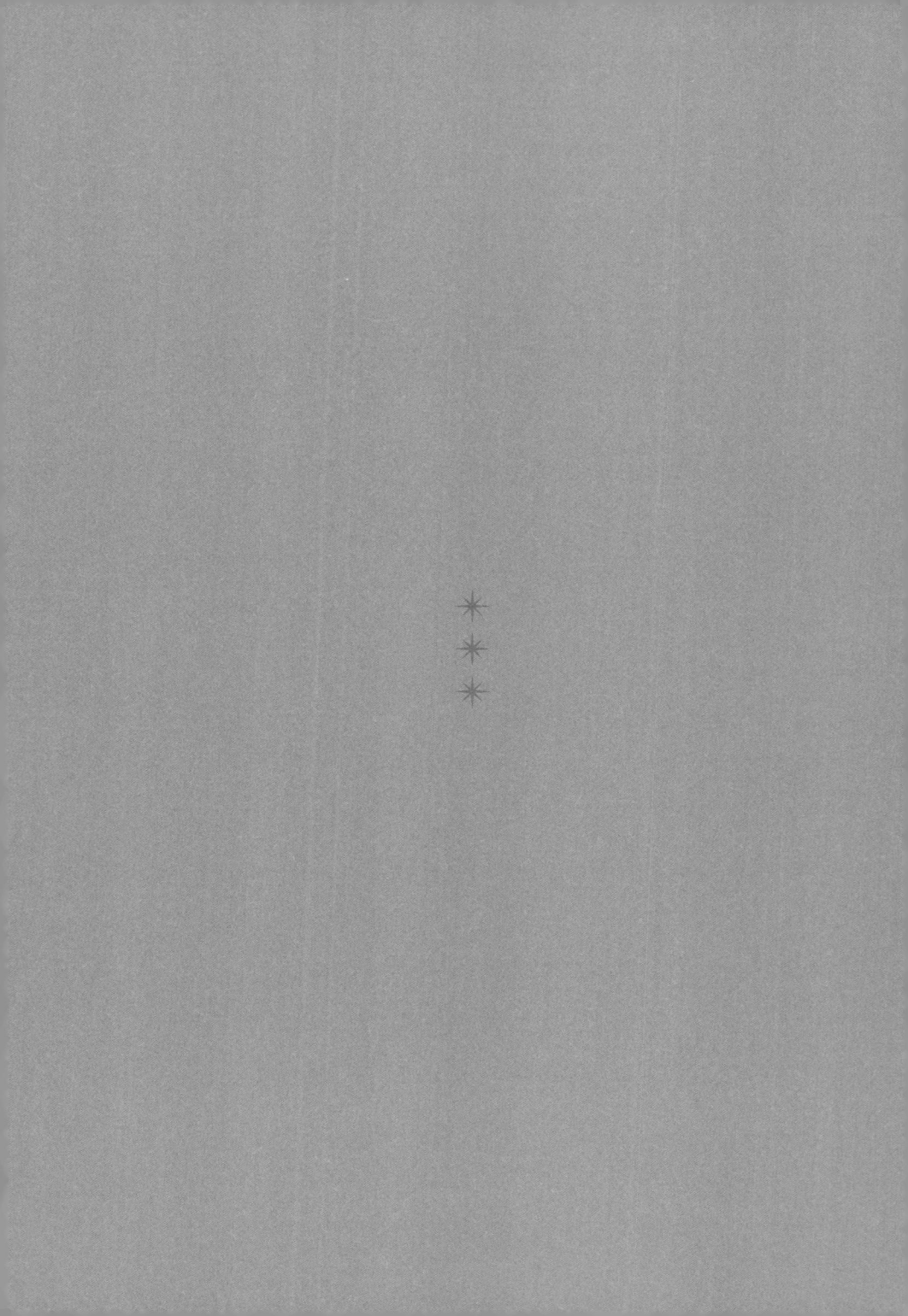

몸의 신호를
놓치지 마라

지금 돌아보면, 내 몸은 오래전부터 조용히 신호를 보내고 있었다. 그 신호를 나는 매번 '잠깐 피곤해서 그런가 보다. 며칠 쉬면 괜찮겠지'라며 대수롭지 않게 넘겼다. 자고 일어나면 괜찮았고, 가벼운 통증은 금세 잊혔다. 나이 들면 누구나 겪는 일이라며 스스로 합리화했다. 그러나 그 무시와 방치는 결국 내 몸에 큰 대가를 안겼다. 수술하기 1년 6개월 전 비탈길에서 자전거를 타고 오는 아이와 서로 비키려다 부딪혀 넘어졌다. 아이와 나는 금방 일어나 괜찮냐고 확인하고 헤어졌다. 그다음 날 아침 자리에서 일어날 수 없었다. 허리가 너무 아파 결국은 병원을 찾은 것이다. 장산역 근처 병원에서 엑스레이를 찍고 주사 맞고, 도수치료를 받은 적이 있었다. 몇 차례 치료받고 나니 통증이 가라앉았다. 이젠 괜찮아질 거라며 그대로 흘려보냈다. 만약 그때 MRI 촬영하고 정확히 진단받고 미리 대비했더라면 이렇게 큰 수술까지는 피할 수 있었을 테고

심하게 고생하지 않았을지도 모른다. 하루 종일 굽 높은 구두 신은 채로 서 있었고, 바닥이든 의자 든 10분쯤 앉아 있으면 허리가 무거웠다. 거의 매일 밤 종아리에 근육통이 생겼고, 다리 저림이 반복되었지만, 혈액순환이 안되는가 보다며 가볍게 여겼다. 통증보다 일이 먼저였고, 내 몸보다 일상이 더 급했다. 그런 걸 보면 내 몸은 이미 오래전부터 도와달라고 외치고 있었지만 내가 그 소리를 듣지 않았을 뿐이다. 허리 통증이 심했던 2010년 여름, 수영하던 중 다리에 힘이 빠지고 물속으로 가라앉는 느낌을 받았다. 뭔가 심상찮다고 생각되어 병원을 찾았다. 나이 든 정형외과 의사는 다짜고짜 고함을 질렀다. "허리가 이렇게 되도록 뭐 했어?", "무거운 물건 들지 마라.", "운동은 하느냐?", "살 빼라." 온갖 잔소리를 퍼부었다. 허리에 주사를 맞고, 추나요법 치료까지 받았지만, 통증은 도리어 더 심했다. 귀가하기 위해 병원을 나왔으나 걸을 수가 없어서 결국 택시를 타고 집으로 돌아왔다. 나아졌다 싶으면 또 아프고, 다시 치료하면 나아지는 악순환의 연속이었다. 근본적인 문제는 그대로 남아 있었다. 돌아보니 몇 차례 넘어진 경험이 있었다. 중학교 2학년 때 밤늦게 집으로 오는 길에 넘어져 다리를 심하게 다쳤고, 십 년 전에는 주차장에 흘러 있던 엔진오일에 미끄러졌으며, 등산 가다 굴러 손목이 골절되었고, 작년 시월에는 넘어져 입술이 찢어지고 팔에 깁스까지 했다. 모두가 급하게 걷고, 주변을 살피지 않아 생긴 일이었다. 내가 몸 상태를 제대로 살폈다면, 그 사고들은 사전에 방지할 수 있었을지도 모른다. 마음만 앞서 있었고, 몸은 뒤처진 채로 행동했다. 나만의 문제는 아니었다. 내 주변 사람들도 마찬가지였다. 비 오는 날 마트 주차장에서 미끄러져 다리 수술한 친구 혜경이, 아들 결혼식 앞두고 넘어져 양팔 수술한 순이, 거실에 놓인 선풍기 선에 걸려 넘어져 팔에 깁스한 정숙, 하수구 덮개에 미끄러져 복숭아뼈 다친 동서, 모두 사소한 방심과 무관심이 부른 결과였다. 몸의 피로가 쌓이면 반응 속도는 느려지고, 균형감각과 순발력은 떨어진다. 그런데도 우리는 여전히 자신이 지극히 정상이라고 착각한 채 살아간다. 몸은 거짓말하지 않는다. 불편함, 통증, 저림, 근육통 이런 증상은 몸이 내게 보내는 살려 달라는 신호다. '이대로는 안 돼, 쉬어야 해, 지금 무리하고 있어'라는 메시지를 우리는 자주 외면한다. 그 결과 몸 중심에 나사를 박는 큰 수술을 치르고 나서야 그것이 경고였음을 깨달았다.

그 이후 나는 내 몸과 약속했다. 앞으로는 작은 신호도 절대 그냥 넘기지 않겠다고. 단순한 피로감이라도 반복되면 반드시 이유가 있다. 몇 초의 통증이라도 무시하지 않고, 어떤 자세에서 불편함이 느껴지면 즉시 점검한다. 누군가는 예민하다고 할 수도 있겠지만, 나는 그것이야말로 건강을 지키는 확실한 방법이라고 믿는다. 걷는 자세, 앉는 자세, 의자 높이 하나에도 허리는 반응한다. 오랫동안 같은 자세로 앉아 있거나, 굽이 높은 신발, 무거운 가방, 스마트폰을 보는 목의 각도, 손목의 움직임까지, 이런 사소한 습관들이 쌓여 내 허리를 망가뜨렸다. 그 수많은 경고들을 나는 오랫동안 무심하게 지나쳤다. 하지만 이제는 다르다. 무리한 일정은 줄였고, 허리에 무리가 가지 않도록 앉고, 걷고, 서는 습관을 바꿨다. 내 몸이 편한 자세와 환경을 먼저 생각한다. 이 정도는 누구나 겪는 일이야 라는 생각이 내 삶을 망쳤다는 사실을 뼈저리게 느꼈기에, 나는 이제 스스로에게 묻는다. '지금, 괜찮은 거지?' 몸이 건강해야 정신도 건강하다. 몸이 무너지면 마음도 함께 무너진다는 사실을 분명히 경험했다. 더 늦기 전에, 내 몸이 보내는 미세한 신호에 귀 기울여야 한다. 이것이야말로 통증 없이 여유로운 삶을 위한 첫걸음이다. 작은 통증, 반복되는 불편함, 그냥 넘기지 말아야 한다. 그 태도가 내 몸을 지키고, 내 삶을 바꾸는 가장 단단한 습관이다. 우리는 모두 통증 없이 살 수 있다. 단지, 몸의 소리를 들을 준비가 되어 있어야 한다. 몸은 늘 우리에게 말하고 있다. 문제는 그 말에 귀 기울이지 않는 우리의 태도에 있었다. 이제 나는, 더 이상 무시하지 않는다. 내 몸을 지키는 삶을 선택했다. 아프기 전에, 무너지기 전에, 내 몸에 귀 기울이는 자세가 건강을 지키는 가장 확실한 시작임을 다시 한번 나 자신에게 강조한다. 작은 관심이 통증 없이 건강하게 사는 삶, 누구에게나 가능하다.

건강은
식탁 위에서 시작된다

연말이 되면 내년 목표를 세운다. 목표에 빠지지 않는 항목이 있다. 영어 회화와 다이어트다. 해마다 되풀이되지만, 단 한 번도 완주한 적이 없었다. 다음 해에도 그 목표는 남아 있었다. "식사하셨어요?" 한때 일상적인 인사말이었다. 우리 집은 아직도 이 말을 쓴다. 아침 열 시든 오후 두 시든 시간과 상관없이 어느 때고 친정집에 가면 어머니는 "밥 먹었나?" 하고 묻는다. 그래서인지 나는 늘 먹을 준비가 되어 있었다. '밥 배 따로, 빵 배 따로.' 내가 자주 하던 나의 유행어였다. 먹는 걸 좋아한다. 자연스럽게 비슷한 식성을 가진 사람들과 어울렸고, 맛집 탐방도 마다하지 않았다. 과자나 디저트가 눈앞에 있으면 배가 부른데도 손이 가고 바닥이 보일 때까지 먹고 만다. 남편이 밥 한 숟갈 남기면 내가 먹는 건 당연했다. 탄수화물 없이 못 사는, 말 그대로 식탐이 많은 사람이다. 지금은 음식이 넘쳐나는 시대다. 식사 후에 커피와 디저트가 당연한 코스가 되었고, 가끔은 후식값이 밥값보다 비싸다. 예전에는 못 먹어 병이 생겼지만, 지금은 너무 많이, 너무 자주 먹어서 병이 생긴다. 나 역시 그중 한 사람이었다. 직장에 다닐 땐 늘 바빴다. 점심시간이 있어도 10분 안에 허겁지겁 먹거나, 아예 끼니를 거르는 날도 많았다. 그런 날은 어김없이 저녁에 폭식했고, 피곤해서 그대로 잠들곤 했다. 다음 날이면 속이 더부룩하고 얼굴은 퉁퉁 부었다. 이런 생활이 반복되자 내 몸은 하나둘 신호를 보내기 시작했다. 지방간, 고지혈증, 고혈압, 그리고 당뇨 전단계. 하나둘 병명은 늘어갔지만, '술도 안 마시는데 지방간이라니?'라며 현실을 외면했다. 몸은 이미 오래전부터 신호를 보냈는데 나는 듣지 않았다. 그때의 나는 내 몸보다 일을 더 챙겼고, 건강보다 책임이 더 중요하다고 믿었다. 결국 그 대가를 내 몸이 먼저 알아버렸다. 심한 변비도 그때부터였다. 물을 제대로 마시지 않았고 변비약을 먹으면 속이 아파 약조차 먹지 않았다. 허리 수술 후에도 다리 통증은 사라지지 않았다. 약 먹으면 조금 나아졌지만, 약효가 떨어지면 통증은 다시 찾아왔다. 원인은 바로 내가 먹고 마시는 음식에 있었다. 음식은 배를 채우는 단순한 행위가 아니었다. 내 몸은 내가 먹은 음식으로 구성되고, 몸속에서 통증을 만들기도 하고 없애기도 했다. 내가 좋아했던 빵, 음료수, 아이스크림, 팥빙수 각종 가공식품은 염증을 키우고 관절 통증, 허리 통증, 두통과 소화불량을 불러왔다는 사실을 뒤늦게야 알았다. 나의 잘못

된 식사와 생활 습관이 만성통증을 키우는 역할을 하고 있었지만, 심각성을 깨닫지 못했다. 통증 없이 살고 싶다면, 식습관부터 바꿔야 했다. 쉽지 않았다. 해마다 다이어트에 실패했고 요요현상으로 좌절했다. 그러나 이번만큼은 달랐다. 허리와 다리 통증이 더 이상 미룰 수 없게 했다. 이제는 더 이상 물러설 수 없었다. 그래서 바꾸자고 결심하고 실행에 옮겼다.

이렇게 식단과 식습관을 바꾸기 시작했다. 손쉽게 사 먹던 음식 대신 채소 위주의 식단을 준비하려니 처음엔 번거로웠다. 때로는 귀찮아 건너뛰고 싶을 때도 있었다. 하루에도 몇 번씩 예전 습관으로 돌아가려 하다가, 중간중간 '아! 맞다.' 하며 마음을 다잡곤 했다. 예전엔 씹지도 않고 꿀꺽 삼키는 버릇이 있어 일부러 숫자를 세며 천천히 씹는 연습을 했다. 또 식사 중에 무심코 물을 들이켰던 습관을 발견했을 때는 스스로 놀라 식탁 위에서 물컵을 아예 치워버렸다. 그렇게 작은 것부터 바꾸며, 성공 가능한 방법을 하나씩 실천해 나갔다. 늦은 저녁을 피하고 일찍 잠자리에 드니 수면의 질이 눈에 띄게 좋아졌다. 속도 편해지고, 피로도가 줄었다. 몸은 스스로 회복하는 힘을 되찾아 가고 있었다. 동물은 아프면 스스로 먹지 않고 쉰다고 하는데 나는 아프면 약 먹어야 한다며 억지로 음식을 먹는다. 그리곤 약으로 버틴다. 그것이 몸을 더 아프게 하고 회복을 방해한다는 사실을 알았다. 식사는 단순히 허기를 채우는 행위가 아니다. 하루 세 번, 내 몸과 마주 앉아 나누는 회복의 대화다. 건강과 통증은 식사의 질과 방향에 따라 나뉜다. 나는 그동안 입이 즐거운 음식을 선택했다. 그 결과 온몸이 통증과 불균형에 시달렸다. 그런 후에 깨달았다. 나를 무너뜨린 것도 음식, 나를 회복시키는 것도 음식이었다. 건강은 식탁 위에서 시작된다. 약보다 먼저 바꿔야 할 건 바로 식사와 습관이다. 회복은 병원보다 먼저 식탁이다. 이 변화는 단기간의 프로젝트가 아니다. 한두 달이 아니라 평생 이어가야 하는 습관이다. 마치 아침에 눈 뜨면 화장실 가서 양치질하듯이. 매일 반복되는 자연스러운 생활이 되어야 한다. 진짜 변화는 작은 실천의 꾸준한 반복으로부터 완성된다. 오늘의 나를 만드는 것은 습관화된 선택이다. 이제는 내 몸에 미안한 짓 하지 않으려 한다. 입에 맞지 않아도, 먹기 힘들어도, 참고 실천하면 반드시 효과가 나타난다. 나는 음식을 대할 때 인상 쓰지 않고, 오히려 대화하듯 차분히 받아들이며 살아간다. 그것이 나의 회복을 가능하게 한 가장 큰 비밀이었다.

> 내가 실천한 식단을 바꾸는 5가지 방법

1. 하루 권장 칼로리 지키기

- 식사량을 일정하게 유지하여 과식하지 않으니, 몸의 리듬이 안정되고 피로감도 줄었다.

2. 생식 위주의 간단한 조리법

- 기름에 튀기거나 굽는 대신, 찌기와 삶기로 조리했다. 소화 부담이 확실히 가벼워진다.

3. 제철 식재료 사용하기

- 제철 음식은 영양이 풍부하고 신선해 몸의 면역력을 높여준다.

4. 탄수화물 · 밀가루 · 설탕 줄이기

- 염증과 체지방을 줄이기 위해 과일이나 견과류로 자연스러운 단맛을 선택했다.

5. 가공식품 멀리하기

- 방부제와 첨가물이 많은 인스턴트 식품을 피하고, 간의 부담이 줄고, 음식 본연의 맛을 느낄 수 있었다.

식단을 바꾸는 일은 생각보다 어렵다. 하지만 한 끼, 한 가지 선택부터 바꾸면 조금씩 몸이 달라진다.

내가 실천한 식습관을 바꾸는 7가지 방법

1. 식사 시간 지키기

- 일정한 시간에 먹는 습관은 위장의 리듬을 되찾게 하고 소화 기능을 안정시킨다.

2. 따뜻한 소금물 마시기

- 아침에 미지근한 소금물 한 컵은 체온을 높이고 장운동을 촉진한다.

3. 50번 이상 꼭꼭 씹기

- 음식을 충분히 씹으면 침 속 소화효소가 활성화되어 소화를 돕고, 과식을 막을 수 있다.

4. 식사 중 물 마시지 않기

- 식사 도중 마시는 물은 위산을 희석하여 소화 효율을 떨어뜨린다.

5. 채소와 과일 먼저 섭취하기

- 식사 초반에 채소나 과일을 먹으면 포만감이 생겨 과식을 막고, 혈당 상승도 완화된다.

6. 식후 커피·디저트 줄이기

- 커피나 단 음료는 위산 분비를 억제하고 소화를 방해할 수 있다.

7. 저녁 8시 이후 먹지 않기

- 늦은 식사는 소화를 늦추고 체중 증가를 유발한다. 양치질로 식욕을 차단했다.

  식습관은 하루아침에 바뀌지 않지만, 하루 한 끼만 바꿔도 몸은 달라지기 시작한다.

운동은
다시 걷는 삶이다

 숨 쉬듯, 밥 먹듯, 운동도 그렇게 해야 한다. 지금 걷지 않으면, 나중엔 걷고 싶어도 걷지 못할 수 있다. 인간의 기대 수명이 늘어났다. 기대 수명이란 사람들이 태어나서 평균적으로 얼마나 오래 살 것인지 나타내는 수치다. 세계 보건기구와 영국 임페리얼 칼리지 런던이 분석한 논문에 의하면 1970년 한국인의 기대 수명은 62.3세였지만, 2023년 83.5세에 이르렀다. 특히 2030년경 남성은 84.07세, 여성은 90.82세, 세계에서 가장 오래 사는 나라가 될 것이라는 예측도 나왔다. 과연 오래 사는 것이 축복일까? 병원 침대에서 보내는 10년과 건강하게 여행 다니며 사는 10년은 전혀 다른 의미라 생각한다. 중요한 건 얼마나 오래 사느냐가 아니라, 어떻게 사는가이다. 건강 수명, 즉 스스로 움직이며 살아갈 수 있는 시간이 중요하다. 나는 수술 이후, 걷는 게 힘들었다. 침대에 누워 기침 한 번 했을 뿐인데 허리와 다리에 전류가 흐르는 통증을 느꼈다. 기지개 한번 켜고 싶어도 통증이 무서워 참아야 했다. 그때 이런 생각이 들었다. 이대로 평생 누워 있어야 한다면, 살아 있을 이유가 있을까? 두려웠다. 그래서 결심했다. "다시 일어서자, 그리고 언젠가 다시 무대 위에서 춤추자." 처음엔 집 뒤 어린이 놀이터를 느린 걸음으로 걷기 시작했다. 나보다 네 살짜리 아이가 더 빨랐다. 비 오는 날은 주차장의 하얀 선을 따라 걸었다. 갓 걷기 시작한 아기처럼 비틀거렸다. 이마에서 흘러내린 땀방울이 눈으로 들어가 눈을 뜰 수가 없었다. 걸음을 멈추고 목발을 한쪽 손으로 모아 쥐고 다른 한 손으로 손수건을 꺼내 땀을 닦았다. 손 두 개가 부족하다는 생각이 들었다. 다리는 후들거렸다. 하루 이천 보 걷는 게 목표였다. 지금 걷지 않으면, 평생 지팡이에 의지하게 될 것만 같아 걷지 않을 수가 없었다. 바닷가에서 걷고 싶었다. 촉촉이 젖은 모래사장은 발가락에 힘이 들어가는 것을 느낄 수 있어서 좋았다. 그렇지만 바다까지 너무 멀어 갈 수가 없었다. 대신 초등학교 운동장을 찾았다. 운동장은 마사가 깔려 있고, 한쪽에는 맨발 걷기에 적합한 모래로 되어 있어 동네 주민들이 많이 이용하고 있었다. 나는 여름방학 동안 주민들과 함께 맨발로 걸었다. 발바닥이 아팠지만, 참고 걸었더니 방학이 끝날 때쯤 적응했다. 맨발에 느껴지는 마사와 모래의 감촉은 아픔과 달램의 서로 다른 촉감으로 아침을 상쾌하게 열어주었다. 걸으면서 다른 사람들과 맨발 걷기에 관한 얘기도 나누는 기회가 되었다. 동호

회에 참석하며 매일 아침 맨발로 걷는다며 일주일에 한 번은 장소를 옮겨 다니며 걷는다고 했다. 방학이 끝나 운동장에서 산책로로 방향을 바꿔 맨발로 걸었다. 촉감이 달랐다. 따끈따끈한 학교의 운동장과는 달리 숲속의 산책길은 뜨거운 데크 길, 습기 품은 산길의 흙은 말랑말랑하기도 하고, 촉촉해 발바닥을 부드럽게 만져주는 그 느낌들이 다시 내 몸을 깨우는 신호처럼 다가왔다. 가장 큰 위로는 함께 걷는 남편이었다. 땀을 닦아주며 "쉬었다 갑시다."라고 말해 주는 그 말 한마디에는 진심이 담겼다. 벤치에 앉아 나무 사이로 보이는 하늘과 햇살, 바람 소리와 새소리, 세상의 소리가 따뜻하게 느껴진 건 처음이었다. 눈을 감고 숨을 크게 들여 마셨다. 아파서 보이지 않았고, 들리지 않던 소리가 느껴졌다. 세상이 달리 보였다. 걷는 시간은 단순한 운동이 아니라, 내 삶을 회복하는 시간이었다. 걸음이 조금씩 안정되자 균형 훈련을 시작했다. 집안에서는 밸런스 보드를 사용했고, 헬스장에서는 개인 PT도 했다. 처음에는 간단한 스트레칭, 밴드 운동으로 시작했다. 운동하며 느끼는 몸의 근육통이 반가웠다. '아, 아직 내 몸이 살아 있구나.' 잠자는 신경을 깨우기 위해 부지런히 움직였다. 하지만 팔 개월 정도 지나니 더 이상 달라지지 않았다. 정체기라 생각하며 운동 강도를 높였지만, 아무런 변화가 없었다. 흔들리는 오른쪽 발목에는 여전히 힘이 들어오지 않았다. 방법을 바꿔야 하나? 균형을 맞추는 근육을 사용하고 싶어 필라테스로 옮겼다.

PT에서 느낄 수 없었던 것을 느낄 수 있었다. 여러 가지 도구를 이용해 뻣뻣한 몸을 부드럽게 펴고, 균형을 잡았다. 새로운 방식의 스트레칭과 균형감각을 익히며, 새로운 근육의 사용감을 느꼈다. 분명 다른 효과가 있었다.

  몸이 달라지자, 삶의 태도도 달라졌다. 다시 배움의 열망이 살아나기 시작했다. 나는 다시 인터넷을 검색하여 듣고 싶은 강의를 찾았다. '세계 문학으로 배우는 인간과 예술'이라는 프로그램이었다. 이 수업을 듣기 위해 더운 날씨에도 지하철 3구역을 걸었다. 땀 흘리며 도착한 도서관 강의실은 들어서는 순간 내가 좋아하는 차분하고 편안한 공간이었다. 단순한 배움의 공간이 아니라, 내 작은 성공을 확인하는 곳이었다. 1시간을 걸어와서 2시간 수업을 듣고 다시 1시간을 걸어서 집으로 갔다. 오늘도 해냈다는 성취감으로 행복했다. 수업 내용도 나를 편안하게 해주었다. 『그리스 로마 신화』를 시작으로 『이방인』, 『브람스를 좋아하세요』 등의 책으로 몸과 마음을 정화하는 시간이었다. 3개월밖에 할 수 없어 아쉬웠다. 그 이후는 다른 일정이 있어 인문학 수업을 더 이상 듣지 못했다. 문득 복지관 라인댄스 수업에서 만났던 94세 어르신이 떠올랐다. 매일 복지관 오는 것이 행복이라며 건강하기 위해 나온다고 하셨다. "다리가 움직이는 한, 나는 여기 올 거야. 집에 있으면 늙는다."라며 손으로 입을 가리며 웃었다. 그분의 말이 내 좌우명이 되었다. 몸이 움직이면 생각도 살아난다. 운동은 단순한 건강 관리가 아니었다. 운동은 삶을 다시 살아내는 방식이었다. 운동은 특별한 사람만 하는 일이 아니다. 화장실 가듯, 양치질하듯이, 자연스럽게 내 일상에 스며들어와야 한다. 그렇게 습관이 될 때 비로소 삶이 달라진다. 나는 지금도 걷는다. 천천히, 묵묵히, 걷다 보면 언젠가 다시 춤출 수 있을 그날을 기대하며 오늘도 한 걸음, 또 한 걸음 내디뎌본다. 예전엔 운동할 이유를 찾았다. 지금은 운동하지 않을 이유가 사라졌다. 지금 하지 않으면 언젠가는 하고 싶어도 못 하게 될 테니까. 운동은 건강을 유지하는 일이 아니라, 잃어버린 나를 다시 찾는 일이었다. 운동은 선택이 아니라 살아가기 위한 필수다.

내가 건강해야
우리도 웃는다

　지난 일요일, 친구들과 점심을 먹고 양산으로 커피를 마시러 갔다. 참석하는 친구들이 반갑고 고마워 대화하기 좋은 장소로 자리를 옮겼다. 코로나 이전에는 매달 만나다시피 했던 동기 모임이었지만, 팬데믹을 거치며, 내가 참석하지 못한 5년이 지난 지금은 만남의 횟수도, 얼굴 보는 친구의 수도 눈에 띄게 줄어 있었다. 전화해도 받지 않는 친구도 있다. 늘 참석하던 친구들이 보이지 않으면 혹시 건강에 문제가 생긴 건 아닌지 걱정되곤 한다. 대화 주제는 자연스럽게 참석하지 못한 친구들의 안부를 묻는다. 오랫동안 함께했던 친구들이 하나둘 자리를 비우는 이유는 대부분 건강 문제와 손자 손녀들의 육아 때문이었다. 우리에게 육아도 큰 문제지만, 피할 수 없는 건 건강이라는 현실이었다. 어떤 친구는 병원에 입원했고, 어떤 이는 무릎이 아파 외출조차 힘들었다. 그 이야기를 들으며, 우리 모두 건강을 제때 돌보지 못한 채 살아왔음을 절실히 느꼈다. 예전에는 함께 웃고 수다 떨던 친구들이 이제는 자기 몸조차 감당하기 어려운 병과 싸우며, 친구 만나는 일조차 포기한 채 살고 있다는 현실은 마음이 아리고 안타까웠다. 그런데 공통점이 있었다. 현재 일하고 있는 친구들은 건강하고, 모임에도 빠지지 않았다. 은퇴 후 긴장이 풀리거나, 일에서 오는 스트레스를 해소하지 못한 친구 중 건강에 문제가 생긴 경우가 많았다.

직장 생활을 함께했던 영옥이가 떠올랐다. 남편은 어지럼증 때문에 혼자 외출하기 힘든 상태였고, 딸은 외국으로 이사 가면서 집을 어떻게 해야 할지 몰라 엄마에게 물었다. 영옥이는 망설임 없이 "팔아라." 했다. 문제는 팔고 난 이후 집값이 세 배 이상 올랐다. 그 일로 딸에게 미안함과 자책 때문에 우울증이 생겼다. 주변에서 아무리 위로해도 소용없었다. 결국 친구들과의 관계마저 끊은 채 자신을 점점 고립시켰다. 머리로는 지나간 일이니 어쩔 수 없다고 해도, 자식에게 손해를 끼쳤다는 죄책감은 부모 마음에 깊은 상처로 남았다. 그 마음을 알기에 더 안쓰럽고 슬펐다. 반면 은퇴 후 삶을 긍정적으로 가꿔가는 이들도 있다. 과수원에서 복숭아를 재배하며 지내는 선배 재윤 씨는 예전보다 더 젊고 활기차 보였다. 매일 아침 마라톤으로 하루를 시작하고, 부지런히 과수원 일하며 자연 속에서 살아간다. 잠시도 멈출 수 없는 일이지만, 그는 복숭아밭에 앉아 시원한 바람을 맞으며, 하늘과 태양, 새와 바람, 개, 닭을 벗 삼아 술 한잔 기울이는 지금의 삶을 신선놀음이라 표현했다. 말하는 내내 얼굴 가득 웃음을 띤 그는 마치 놀이에 빠져 엄마의 부르는 소리를 못 듣는 아이 같았다. 그 모습에서 나는 그의 행복을 보았다. 울산에서 배밭을 가꾸는 종규 오빠도 마찬가지였다. 어느 해 태풍으로 배밭이 엉망이 되어 수확이 20%도 채 되지 않았을 때, 걱정되어 물었다. "어떡해요?" 그는 태연하게 웃으며 대답했다. "하늘이 하는 일을 어쩌겠나. 내년을 기다려야지." 농사일뿐 아니라 동네일도 발 벗고 나서서 도왔다. 마치 이웃의 일을 자기 일처럼 도우며, 몸을 아끼지 않았다. 우리를 배밭으로 초대해 직접 채소를 나눠주기도 하는데 그런 날은 집으로 돌아오면 오빠가 준 채소를 정리하느라 바빴다. 오빠는 또 행정복지센터 강사로도 활동하며, 인생 2막을 활짝 열었다. 교육생들의 칭찬이 담긴 평가지를 자랑스럽게 보여주며, 무엇보다 누군가에게 도움이 되는 삶이라는 말 속에서 에너지를 얻는다고 했다. 창원에 사는 친구 옥순이는 파크골프에 푹 빠져 있다. 일주일에 네 번 정도 운동한다. 햇볕도 쬐고, 잔디 위를 걷는다. 체중이 줄어 무릎 통증도 줄었다고 했다. 남편과 함께 운동하면서 저녁 내기, 설거지하기 같은 소소한 내기로 웃음을 나누다 보니 부부 사이도 더 돈독해졌다며 자랑했다. 인숙이는 라인댄스와 한국무용에 빠져 있다. 얼마 전 무용 대회 준비 중 무리해 몸살이 났다고 했지만, 무용 이야기만 나오면 눈빛이 반짝이고 목소리에 힘이 있고 환하게 웃으며 말한다. 그 모습 보며 '저럴 때가 가장 행복한 순간이지.'라는 생각이 든다. 다만, 체력이 약한 데다 집에서 끼니도 잘 챙기지 않으며, 수면제를 먹어야 잠든다고 하니 걱정이 앞서기도 했다. 생각해 보면 어느 집이든 걱정거리 하나쯤은 있다. 가족 중 아픈 사람 없는 집도 드물다. 문제는 아프다는 사실보다, 그 아픔을 대수롭지 않게 여기며 "나이 들면 다 아프지. 안 아프고 사는 사람 어디 있나?" 하고 넘기는 태도다. 그런 말로 스스로 위로하는 순간, 병은 더 깊어진다.

 나는 아버지를 간호하느라 고생하던 어머니 삶을 지켜보며, 가족의 병은 결코 환자 혼자만의 문제가 아니라는 사실을 절실히 깨달았다. 다행히 내가 요양보호사 자격증이 있어 어머니를 도울 수 있었다. 그 시간은 나에게도 깊은 통찰의 시간이었다. 내 허리 통증으로 일상을 멈췄을 때, 고통은 결코 나 혼자만의 문제가 아니었다. 친정, 시댁, 남편까지 모두가 영향을 받았다. 특히 남편은 내가 넘어질까 늘 조마조마해 외출조차 마음 놓고 하지 못했다. 그때서야 알았다. 내 몸은 나만의 것이 아니었다. 내가 건강해야 내 가족도 웃을 수 있고, 내가 환해야 우리 집안도 환해진다. 요즘 남편은 미역국도 잘 끓이고, 쌈장도 척척 만든다. 꾸지뽕으로 직접 만든 잼을 빵에 발라 먹는 모습이 사랑스럽기도 하다. 나는 농담처럼, 그러나 진심으로 잔소리한다. "당신이 건강해야 내가 고생

안 하니, 내 고생시키지 않으려면 당신 건강도 챙겨야 해요." 나는 오늘도 다짐한다. 내 몸은 내가 지킨다. 그리고 내 남편의 건강도, 내가 지킨다. 아프고 나서야 알았다. 침대에 누워 있는 시간은 살아 있는 시간이 아니라, 견뎌내는 시간이었다. 걷고, 웃고, 이야기하며, 누군가와 함께하는 이 단순한 일상이 건강해야만 가능하다. 다시 걷기 시작했다. 다시 살기 위해 내 몸을 지키겠다는 그 작은 다짐 하나가 내 삶 전체를 바꾸었다. 건강은 누구에게나 주어진 당연한 조건처럼 보이지만, 사실은 매일의 선택과 실천으로 지켜내야 하는 가장 소중한 선물이다. 아프고 나면 깨닫는다. 진짜 행복은 멀리 있지 않다. 바로 지금 내가 숨 쉬고, 걸으며, 사랑하는 이들과 함께 웃을 수 있는 이 순간에 있다는 것을. 나는 다짐한다. '척추가 바로 서야 인생이 바로 선다.'

비움,
기적을 부른 시작

 지금 내가 이렇게 걸을 수 있다는 사실이 가끔은 믿기지 않는다. 수술대에 누워 고통을 참아내던 날들을 떠올리면, 지금의 걸음걸이는 그저 기적 같다. 만약 병원과 한의원의 치료에만 의존했더라면, 지팡이를 버리고, 지금처럼 걸을 수 있었을까? 재활치료와 약물, 침으론 역부족이란 생각이 들었다. 통증은 날이 갈수록 심해졌고, 체중은 점점 늘어났으며, 몸이 무거워 걷는 게 고역이었다. 누워 있는 시간조차 허리와 목의 통증 때문에 편한 날이 없었다. 담당 의사의 말이 귓가에 맴돌았다. "무조건 걸어야 합니다. 걸어야 회복할 수 있습니다." 걷는 것이 말처럼 쉬운 일은 아니었다. 발목에 힘이 없어 허우적거리다 겨우 땅을 딛고, 발가락에 힘이 없어 몸이 한쪽으로 기울어져 절룩거리며 앞으로 나아갔다. 운동화를 신으면 무지외반증의 통증으로 끈을 빼고, 발등 부분을 가위로 잘라 신었다. 한 치수 큰 운동화를 신어도 형편은 마찬가지였다. 그러니 걷는 것이 또 다른 고통이었다. 점점 절망의 벽 속에 갇혀갔다. 그때 마지막이라는 심정으로 새로운 방법을 찾기 시작했다. 그러다가 '전신 해독' 프로그램을 알게 되었다. 전문가에게 상담을 받으며 체성분 검사를 했다. 결과는 충격적이었다. 염증 수치가 높고, 수분이 부족하고, 체온이 낮아 점수가 나오지 않았다. 상담하던 전문가는 단호하게 말했다. "몸 안에 독소가 너무 많아 비우지 않으면 어떤 치료도 소용없다."라고 말했다. 그 말에 내 몸의 문제를 정면으로 바라보게 되었다. 통증을 단순한 증상으로만 생각했지, 내 몸 전체의 신호로 이해하지 못했다. 문제는 쌓이고 쌓인 독소, 잘못된 식습관, 해소하지 못한 스트레스였다. 바로 그 순간, 내 몸의 근본적인 문제를 직시할 수 있었다. 그날 나를 상담했던 전문가는 나보다 나이가 많았지만, 짧은 치마에 굽 높은 구두를 신고 당당하게 서 있었다. 대구에서 부산까지 대중교통으로 오가며, 측정기와 효소 가방을 양손에 들고 사직동까지 왔다. 그 모습에는 힘이 넘쳤다. 그 당당함과 생기 있는 모습에 묘한 부러움이 생겼다. 저 나이에 저렇게 당당할 수 있다니. 나도 언젠가는 저 사람처럼 활기차게 살 수 있지 않을까? 그 순간 내 안에 희망의 불씨가 켜졌다. 나는 결심했다. 그래, 비워야 한다. 내 몸부터 깨끗이 비워내자.

건강 멘토 임어금 본부장의 권유로 전신 해독 프로그램을 본격적으로 시작했다. 탄수화물 중독자인 내가 하루 식사를 효소로 대체한다는 것은 상상조차 하기 힘든 일이었다. 효소와 물 외에는 아무것도 허용되지 않은 식단, 단 한 알의 방울토마토도 허용되지 않았다. 처음 5~7일 동안은 지옥 같았다. 음식 생각이 머릿속을 떠나지 않았고, TV 속 먹는 장면만으로도 군침이 돌았다. 자리를 피해야 했다. 8일쯤 지나자 신기하게도 먹고 싶은 욕구가 사라졌다. 몸이 조금 가벼워졌고, 피로도 줄어들었다. 다리의 부종이 조금 나아지니 걸음이 가벼워졌다. 이것은 단순히 체중을 줄이는 일이 아니었다. 내 몸속을 정돈하는 과정이며, 내 삶을 다시 설계하는 일이었다. 예전에 독서실 운영할 때 모든 좌석이 꽉 차 있을 때보다 일부 자리가 비어 있을 때 학생들이 더 자유롭게 드나들었던 기억이 떠올랐다. 병실 창밖의 주차장을 보아도 그랬다. 모든 공간이 가득 차 있으면 새로운 차량이 들어올 수 없었다. 기다리지 못하고 되돌아가는 차들을 봤다. 독소와 노폐물로 가득 차 있으면 혈액순환이 안 되고 에너지가 돌지 않는다. 비워야 순환이 일어난다. 우리 몸도 마찬가지다. 여유가 있어야 새로운 것이 들어오고 순환이 된다. 임어금 멘토가 보내주는 동영상이나 체험수기를 보면서 나도 그들처럼 몸의 변화가 오기를 기다렸다. 전신 해독 프로그램을 진행하는 동안 사직동 원적외선 찜질방에 자주 다녔다. 그곳은 또 하나의 배움터였다. 갑상샘암 진단 후 수술 대신 효소와 찜질로 회복했다는 50대 여성, 류머티즘으로 고통받다 일상생활을 되찾은 70대 여성, 유방암 말기 판정받고도 17년째 건강하게 살아가는 사람, 임신이 되지 않아 고민했다는 젊은 부부의 득남 이야기, 그들은 하나같이 말했다. "아무나 효소를 먹을 수 있는 게 아니에요. 복이 있어야 먹을 수 있어요." 그 말에 나는 공감했다. 그곳은 마치 복 많은 사람들이 모여 있는 곳처럼 보였다. 그들의 웃음소리, 생생한 체험담, 회복의 흔적 하나하나가 내게는 새로운 희망이자 동기였다.

처음엔 60일 프로그램을 목표로 했지만, 욕심이 생겨 100일까지 이어갔다. 그 결과는 놀라웠다. 체성분 점수 83점, 체중 16kg 감량, 내장지방은 12에서 5.8로 절반 이하로 줄었다. 지방간, 혈압, 혈당, 고지혈증 모두 정상 범위로 돌아왔다. 하지만 더 중요한 것은 숫자가 아니었다. 내 몸이 다시 살아난다는 감각, 스스로 회복하고 있다는 실감이었다. 내가 먹은 효소가 내 몸 안에서 자신의 역할을 충실히 하는 것이 느껴졌다. 비우는 과정에서 나타나는 명현반응을 통해 보여주는 듯했다. 피부 가려움과 발진, 홍조와 이석 등 다양한 반응들로 나타냈다. 회복은 채우는 것이 아니고, 비우는 것에서 시작된다는 것을 알았다. 오늘 내가 먹는 음식은 내일의 나를 만든다는 이 단순한 진리를 온몸으로 체험했다. 물론 아직 완전한 회복은 아니다. 지금도 걸을 때는 앞을 주시하며 조심해야 하고, 발이 서로 부딪혀 위험할 때가 있다. 건널목의 깜빡이는 파란불 신호에서는 절대로 뛰어 건너지 않는다. 여유를 가지고 다시 올 다음 신호를 기다린다. 여전히 작은 불편함이 남아 있다. 하지만, 이제 그 불편조차도 감사로 받아들인다. 누워만 있던 시간은 살아가는 시간이 아니라 죽어가는 시간이었다. 지금은 다르다. 나는 다시 걷고, 웃고, 대화하며, 누군가와 함께할 수 있다. 그것이야말로 살아 있는 시간이다. 전신 해독을 통해 얻은 변화는 숫자나 외형이 아닌, 내 인생의 태도와 방향이었다. 삶을 가볍게 하는 법, 나를 정돈하는 힘, 그리고 '행복은 비운 뒤에 온다.'라는 진실을 배웠다. 단맛을 포기하고, 식사의 풍요를 내려놓는 일이 쉬운 일은 아니었다. 하지만 그 시간은 내 몸 스스로 회복할 기회를 주는 값진 시간이었다. 나는 오늘도 말한다. "감사합니다. 덕분에 행복합니다." 비우지 않았다면 결코 느끼지 못했을 행복. 나는 지금 그 안에 살고 있다.

함께라서
살아갈 수 있다

혼자는 외롭고 쓸쓸하다. 물론 혼자만의 시간을 즐기는 사람도 있겠지만, 나에게는 한계가 느껴졌다. 가까이 지내던 한 지인을 통해 사람과 함께하는 삶의 가치를 다시 돌아보게 된 계기가 있었다. 그 사람은 다방면에 능한 사람이었고, 모임의 중심에서 늘 분위기를 이끄는 리더였다. 그와 함께하는 시간은 언제나 즐거웠고, 나 역시 그를 만나면 기분이 좋아지곤 했다. 그 사람은 대학 졸업과 동시에 대기업에 입사해 성실히 일하며 부지런히 살았다. 사랑하는 아내의 병원비 마련을 위해 퇴직했고, 그 퇴직금으로 치료에 매달렸다. 퇴직 후에도 생계를 위해 부지런히 일했지만, 형편은 좀처럼 나아지지 않았다. 취직하려고 무던히 애썼지만, 취직은 되지 않았다. 수입은 줄고, 생활비와 자녀 교육비는 늘어나 감당하기 어려웠고 결국 가족과의 관계도 소원해졌다. 새벽까지 일한 날이면 술에 의지하기 일쑤였다. 그러다 어느 날 아침, 침대에서 내려오다

쓰러졌고, 병원으로 실려 갔다. 보호자가 없어 가까운 친구가 대신 입원 절차를 도와주었지만, 그는 아무도 만나지 않겠다며 병문안을 거절했다. 예전의 자신감 넘치던 모습은 사라지고 없었다. 한적한 소도시의 작은 요양병원으로 옮겨 날마다 재활 운동에 힘썼다. 추우나 더우나 산길을 걷고 또 걸었다. 넘어지고, 자빠져도 걷고 또 걸었다. 하루에도 몇 번씩 산을 올랐다. 우리는 한 달에 한 번 그를 만나러 가곤 했다. 때로는 호전되는 듯 보이기도 했지만, 노력에 비해 건강의 회복은 더디기만 했다. 요양병원에 입원한 지 만 5년이 지난 어느 겨울날 요양병원을 나갔다는 소식을 들었다. 자신의 주민등록증을 책상 위에 올려두고 사라졌다는 것이다. '설마 무슨 일이야 있겠어?'라며 각자의 일상 때문에 바로 달려가질 못했다. 얼마 후 요양병원을 찾았으나, 돌아오지 않았다고 했다. 그가 다니던 산책로를 오르며 혹시 그의 흔적을 발견하지나 않을까? 하는 불안한 마음으로 걸음을 옮겼다. 산책로 중간의 고요한 호수. 그곳에서 그의 마지막 흔적을 확인할 수 있었다. 환자가 된 후 그는 자신과 엄청난 투쟁을 하고 있었던 모양이었다. 11월의 마지막 주 어느 날, 홀로 호수 속으로 사라졌다. 아무도 모르게.

반면에, 또 다른 친구는 가족과 친구들의 따뜻한 사랑 속에서 삶의 마지막을 아름답게 마무리했다. 아내를 먼저 떠나보낸 후에도 시 쓰고, 도

자기 빚으며 사람들과 어울리며 살았다. 풍족하지 않은 형편이었지만 흔들림 없이 자신의 삶을 살았다. 병을 얻은 마지막 6개월, 그의 생애에서 가장 행복한 시간을 보냈다고 했다. 여동생이 옆을 지켜주었고, 외국에 있던 자녀들도 모두 그의 곁을 지켰고, 딸과 외손녀 역시 그의 손을 놓지 않았다. 그는 세상을 떠나기 직전 "지금이 가장 행복하다."라고 말했다. 우리는 얼마 전 그의 일곱 번째 기일에도 함께 모여 그를 추모했다.

수십 년간 노인을 위해 봉사했던 노인대학 이향순 학장님이 생각난다. 허리 수술 후 한동안 뵙지 못했는데 노인대학 총회에서 마주쳤다. 반가운 마음에 "학장님!" 하고 불렀지만, 눈을 마주치고도 나를 외면하셨다. 당황한 나는 팔을 붙잡고 다시 불렀다. 그러나 나를 뿌리치고 가버리셨다. 그 이후로 총회 프로그램은 머리에 들어오지 않았다. 무슨 일이 있었지? 감을 잡을 수 없었다. 그동안 연락한 것도 아니었고, 그동안 안부 전화조차 드리지 못했던 것이 혹시 섭섭해서서 그런가. 마음이 무거웠다. 집으로 돌아와 학장님께 전화를 걸었다. 이유를 알고 싶었다. 며칠 뒤, 점심을 함께했다. 식사 내내 말이 없던 학장님은 내가 질문하면 영혼 없는 "아니"라는 대답만 반복했다. 그러다 불쑥 스마트폰을 내밀었다. 화면에는 딸들과 함께 찍은 사진이 있었다. 평소와 다른 태도에 뭔가 서운한 일이 있는 건 아닌지 의문이 들었지만, 말하지 않으니 답답하기만 했다. 계산하려던 순간, 학장님이 포장 하나를 추가했다.

"포장할 거면 아까 식사할 때 시켰으면 바로 받아 갈 수 있었을 텐데. 남편 드리려고요?"

잠깐의 침묵이 흘렀다.

"아니, 죽었다."

"예? 그럼 이건 누구 거예요?"

"하정이."

멍해졌다. 태도가 이상했던 이유를 이제야 조금은 알 것 같았다. 집으로 가서 하정 씨를 만났다. 눈물을 글썽이며 말했다. 아버지가 갑자기 세상을 떠난 뒤, 49재 치르는 동안 엄마가 아무 말 없이 노래만 흥얼거리는 모습이 이상했다고. 병원 진단은 악성 뇌종양. 수술조차 불가능했고 점점 말을 잃으며, 조용히 무너져가고 있었다. 남편의 죽음이 학장님에게 얼마나 큰 충격이었는지 짐작이 갔다. 늘 남을 먼저 챙기고, 어르신들을 위해 헌신하던 분에게 이런 시련이 닥치다니, 하늘이 야속하기만 했다. 치료 방법은 병원 처방 외엔 없었고, 구강암으로 전이되었으며 치매까지 진행 중이었다. 그 말을 들었을 땐 눈물이 멈추지 않았다. 지금은 주간보호센터의 보호를 받으면서, 점심시간이나 간식시간이 되면 여전히 다른 어르신들을 챙긴다고 했다. 몸은 무너졌지만, 평생 남을 돌보던 따뜻한 마음은 여전히 그분 안에 살아 있었다. 이제는 전화로도 소통이 어렵다. 목소리마저 들을 수 없으니, 속이 아리다. 만나야 얼굴 볼 수 있지만 보호자 없이는 만날 수 없는 상태다. 어린아이처럼 천진난만해져서, 잠시도 눈을 뗄 수가 없다고 했다. 두 딸은 학장님의 폰에 이쁜 큰딸, 효녀 둘째 딸이라 저장되어 있다. 그 애칭만으로도 가족 간의 사랑과 믿음이 전해졌다. 그 사랑 뒤에는 말할 수 없는 고됨이 있었다. 한 달에 두세 번 서울과 부산을 오가며 병원을 함께 다녔다. 치료받는 환자의 고통 못지않게, 환자를 장거리로 이동시키는 큰딸 하정 씨와 그녀 가족의 희생도 깊었다. 직장 생활하는 둘째 미정 씨도 밤새 엄마를 돌보고, 창원까지 출근해야 했다. 온 가족이 함께 짊어진 집단적 고통이었다. 두 딸과 그 가족들 모두가 희생과 배려, 끝없는 봉사로 학장님을 지켜왔다. 이젠 매달 두세 번 가던 병원을 6개월에 한 번만 가도 되게 만들었다. 그것은 단순한 일정 조정이 아니라, 온 가족이 함께 만들어낸 승리였다. 아무리 가족이라 하더라도 사랑과 헌신 없이는 이뤄낼 수 없는 기적이었다. 그들의 이야기는 '가족'이라는 이름 속에 담긴 가장 숭고한 힘이 무엇인지 보여주고 있었다. 병은 한 사람의 몸을 무너뜨릴 수 있지만, 사랑은 한 가족의 단단한 마음을 결코 무너뜨리지 못한다.

오늘의 선택이
내일의 건강

한때 교사가 되기를 희망하던 꿈 많은 소녀였다. 중학생 시절의 순수한 소망은 집안 형편 앞에서 조용히 접어야 했다. 대학 진학 대신 사회로 나왔고, 긴 시간 동안 꿈 없는 삶을 살아왔다. 은행에 근무하던 시절 하루의 목표는 단 하나, 그날 맡은 업무를 무사히 끝내는 일이었다. 업무 하나하나가 다른 사람에게 피해가 될 수 있기에 늘 조심했고, 책임감 있게 행동했다. 매일 한 시간 일찍 출근했고, 커피 한잔 마시며 조용히 실무 규정을 읽거나 업무를 준비했다. 내 일이 끝난 후에는 동료나 후배의 남은 업무를 함께 도와 마무리했다. 그래야 하루의 마감을 빨리 마칠 수 있기 때문이었다. 그러다 보니 각 부서의 전산 시스템, 기계 조작, 세세한 규정까지 자연스레 익히게 되었고, 본부에 질문하는 것보다 내게 물어보는 것이, 더 빠르다며 사람들은 나를 '해결사' 또는 '걸어 다니는 규정집'이라 불렀다. 목재회사에 입사했을 때는 전임자가 없는 상태에서 홀로 업무를 시작해야 했다. 1년 가까이 주말도 반납한 채 회계 사무소와 전년도의 전표를 뒤적이며 하나하나 배우고 익혔다. 전국 인삼 지주목의 80%를 공급하는 회사였고, 회계, 총무, 비서, 매장 관리까지 여러 역할을 혼자 감당해야 했다. 직원 대부분은 출장을 다니느라 사무실에는 늘 혼자였고 혼자 먹는 점심이 불편해 끼니를 거르는 날도 많았다. 여름 땡볕과 겨울 추위 속에서 일하는 현장 직원들을 생각하면 감사하는 마음이 생겼다. 내가 사무실에서 지키는 자리 또한 소중하다는 생각이 들어 묵묵히 최선을 다했다. 그것이 급여를 받는 사람의 도리라 여겼다. 그렇게 만 6년을 보낸 뒤 회사를 그만두었다.

퇴사 후, 수영을 배웠다. 회사에서 말레이시아로 단체 여행을 갔을 때 모두가 즐겁게 바닷속 세계를 구경할 때 나만 물가에 서서 바라보기만 했다. 그때 귀국하면 반드시 수영을 배울 것이라고 버킷리스트에 기록해 둔 것을 실천에 옮겼다. 물에 대한 두려움은 오래전부터 있었다. 초등학교 5학년 때 가족들이 해수욕장으로 놀러 갔을 때 일이다. 여동생을 고무 튜브에 태우고 가는 아버지를 따라가다가 갑자기 발밑이 푹 꺼지는 곳에서 빠져나오지 못하고 허우적거렸다. 다행히 낯선 아저씨가 나를 건져 모래사장으로 데리고 갔다. 그때의 공포는 오래도록 내 안에 남았다. 그날 이후 바다나 계곡에 가도 물에는 발끝조차 담그지 못했다. 처음 수영장 갔을 때를 생각하면 지금도 얼굴이 화끈거린다. 수영 수업 첫날 수영장에 발을 넣지 못해 수영 강사의 손을 잡고 수영장에 들어가야만 했다. 물에 대한 공포가 그만큼 컸다. 이 수영장에서 빠져 죽은 사람 없으니 걱정 말고 들어오라는 말을 같은 반 사람들에게서 들어야만 했다. 수영 강사는 나와 같은 트라우마에서 벗어난 사람이라 다행히 나의 심정을 이해해 주었다. 그런 세월을 2년을 보내며 트라우마에서 벗어났다. 그 이후 우연히 시작한 라인댄스가 내 인생 후반전을 열어주었다. 일 중심으로 달려왔던 삶이 사람 중심의 삶으로 바뀐 순간이었다. 우울하고 외로운 어르신들에게 건강과 웃음을 전하는 일은 나에게도 큰 기쁨이었다. 경로당이나 복지관, 어디든 불러주는 곳이면 달려갔다. 어르신들을 즐겁게 해줄 게임도 배우고, 웃음 교실 프로그램을 익혀 전달했다. 일주일에 한 번 하는 수업에 적극적인 어르신들은 허리와 무릎이 불편해도 함께 일어나 노래 부르며 춤춘다. 노래 부르라며 마이크를 건네면 처음엔 부끄러워하시며 고개를 살래살래 저었지만, 이내 서로 신청곡을 말하며 먼저 부르겠단다. 그 모습을 보며 나는 또 하나의 꿈을 꾸었다. '76세부터는 노래 강사 해야지.' 내 안에 새로운 씨앗이 심어졌다.

하지만 인생은 예고 없이 멈추기도 한다. 허리 수술을 받고, 나는 모든 것을 잃었다. 움직일 수도 없었고, 스스로 해결할 수 있는 일이 아무

것도 없었다. 건강을 잃고 나서야 깨달았다. 우리가 얼마나 많은 것들을 당연하게 누리고 있었는지를. 허리 수술 후 시작한 온라인 활동은 내 삶을 완전히 바꿔놓았다. 자기 계발, 동기부여, 컴퓨터 수업, 스마트폰 활용, 독서 모임, 책 쓰기, 심지어 메타버스와 NFT까지, 디지털 노마드의 세계를 만났다. 줌 회의를 주최하고, 독서 모임을 하며, 강사를 초청해 오픈 채팅방을 운영했다. 시간과 공간의 제약 없이 일할 수 있다는 자유가 이렇게 멋진 것임을 처음 알았다. 어느 날, 별생각 없이 들었던 강의 하나가 인생의 방향을 바꾸게 했다. 나는 다시 꿈꾸기 시작했고, 그 꿈으로 설렜다. 예전처럼 빠르게 달릴 수는 없지만, 지금도 나는 목표를 향해 나아가고 있다. 통증 완화에 도움을 준 S-body 건강보조식품을 먹으며 조금씩 회복되었다. 그 과정에서 비슷한 아픔을 지닌 사람들과 소통하며 위로를 주고받았다. 일을 쉬는 동안 내가 일 중독자였다는 사실을 알게 되었다. 하지만 나에게 일은 단순한 노동이 아니었다. 나를 살아 있게 만드는 에너지이자 삶의 이유, 행복, 그 자체였다. 몸이 회복되자, 건강기능식품과 관련된 일을 제대로 해보고 싶다는 강한 열망이 생겼다. 단순한 판매가 아니라, 내 이야기를 통해 누군가에게 도움이 된다면, 그건 내가 다시 일할 수 있는 충분한 이유가 되리라 믿었다. 남편에게 내 진심을 전했고, 나의 변화를 지켜본 남편 역시 이 길을 함께 가겠다고 했다. 우리는 건강한 식습관과 제품을 직접 체험하며 변화를 확인했다. 원적외선 속옷과 스카프를 착용하며 몸의 변화를 느꼈고, 건강 개선에 집중했다. 부부가 교육에 참여하기 위해 대전과 속리산 세미나를 오갔다. 변화는 여기서 멈추지 않았다. 지금 가장 큰 목표는 책 출간이다. 처음 책 쓰기 수업에서 자이언트 북 컨설팅 이은대 대표님께 "글 쓰라고 하지 마세요. 나는 글 안 씁니다."라고 큰소리쳤던 내가 지금은 매일 책 읽고, 글 쓰는 꿈에 가까이 가고 있다. 말 함부로 해선 안 된다는 교훈과 함께 글쓰기는 이제 내 삶의 일부가 된 것이다. 오늘의 선택이 내일의 나를 만든다. 지금의 나를 바꾸고 싶다면, 기다리지 말아야 한다. 이제 나는 단언할 수 있다. 가장 늦은 시작은, 아직 시작하지 않은 지금이다. 꿈을 향한 첫 발걸음은 완벽해서가 아니라, 간절해서 내디딘다. 나이와 상황은 핑계가 될 수 없다. 통증과 좌절 속에서도 나는 작은 희망 하나를 붙잡았다. 지금도 나는 새로운 목표를 향해 한걸음 옮기고 있다. 나는 오늘도 성장하고 있다. 지금, 이 순간 내가 나의 삶에 들이는 노력과 시간, 그것이야말로 가장 확실한 미래를 위한 투자다. 그리고 그 투자는 바로 '오늘, 지금 이 자리'에서 시작된다. 통증과 좌절 속에서도 나는 작은 희망 하나를 붙잡았다. 다시 일하고 싶다는 그 소망이 나를 일으켰고, 지금의 나는 여전히 배우고 도전하며, 살아 있음을 느낀다. 늦었다고 생각한 그 순간부터, 나의 인생 연장전은 시작되었다.

인생에 '꽝'은 없다
모두 배움이었다

    인생에 '그냥 지나간 일'은 없었다. 모든 순간이 나를 성장시키는 과정이었다. 때로는 뜻대로 되지 않았지만, 예상과는 다른 방향으로 흘러가 버린 시간도 있었다. 나는 그마저도 놓치고 싶지 않은 삶의 일부로 받아들였다. 인생의 후반전을 지나 연장전을 살아가고 있는 나는 확신할 수 있다. 그 모든 순간은 결코 꽝이 아니었다. 오히려 나를 단단하게 만든 보너스였다. 나는 교사나 공무원이 되기를 꿈꿨지만, 부모님의 바람대로 은행원이 되었고, 부모님의 기대에 맞추며 살아왔다. 내 의지에서 비롯된 것은 아니었지만, 억울해하지도 불평하지도 않았다. 그저 주어진 삶을 묵묵히 살아내며, 나만의 길을 만들어갔다. 지금 돌이켜보면 그 모든 과정이 내게 필요한 배움이었다. 어린 시절, 생활고로 고생하던 어머니의 모습을 보며 자란 나는 시키지 않아도, 말하지 않아도 스스로 움직이는 아이가 되었다. 어린 나이에 일찍 철이 들 수밖에 없었다. 내가 잘 못하면 어머니가 대신 질책당하던 환경 속에서, 감정을 숨기고 묵묵히 해야 할 일을 챙겨서 하는 말 잘 듣고 순종하며 사는 착한 아이였다. 친구들이 과외를 다닐 때 나도 다니고 싶었지만, 입 밖으로 꺼내지 못했다. 대학의 꿈도 눌러두었다. 내 꿈이나 감정보다 가정형편이 항상 우선이었다. 상업고등학교 진학을 받아들인 후 며칠을 울고 난 뒤, 나는 점점 입을 닫아갔다. 그때의 나로서는 순종하는 일 말고는 다른 방법이 없었다. 고등학교 입학 후 5월 어느 날, 어머니는 친구들을 집으로 불러 김치전을 부쳐 주며 "우리 숙이는 촌에서 와서 수줍음이 많아 말을 잘 안 하니 너희들이 잘 좀 챙겨줘라."라고 부탁하셨다. 어머니의 그 한마디는 지금도 내 마음에 깊이 남아 있다. 친구들에게 따돌림당할까 봐 미리 손 내밀어주신 그 따뜻한 배려 덕분에 우리 집은 내 친구뿐만 아니라, 동생 친구들까지 모여서 노는 마음 편한 아이들 놀이터가 되었다.

  은행에 다니던 시절, 늘 시간에 쫓기며 살았다. 내 업무 마치면 동료들의 업무까지 챙기며 바삐 움직였지만 정작 나를 위한 시간은 없었다. 하루하루 실수 없이 무사히 넘어가는 것, 그것이 내가 세운 유일한 목표였다. 은행을 그만두고 난 후 IMF가 지나갔고, 비록 전문 대학이었지만 늦은 나이에 사회복지학을 공부했다. 하고 싶은 공부를 하지 못해서인지 배움에 대한 갈망은 아직도 부족함으로 남아 있는 듯하다. 그런데 예상치 못한 순간, 선생님이라는 호칭이 내게 찾아왔다. 그 꿈은 오래전 나의 울음과 함께 사라진 줄 알았다. 그런데 퇴직 후, 라인댄스 강사로 활동하면서 처음 그 말을 들었다. "선생님, 감사합니다." 그 짧은 한마디가 그렇게도 나의 가슴을 따뜻하게 적실 줄 몰랐다. 이 나이에도 선생님이 될 수 있구나. 그 순간 나는 오랫동안 눌러왔던 꿈이 사라지지 않았음을 깨달았다. 어느 날 웃음 교실에서 자기소개하는 프로그램에 참여했다. 진행자는 내 소개를 듣고 '평생 일만 하다가 죽을 뻔했는데 웃음 교실을 만나 춤추고 노래하며 즐거운 인생으로 바뀐 여자'라고 말해 주었다. 그 말 한마디에 나는 울컥했다. 누군가가 내 삶을 따뜻하게 해석해 주었다는 그 사실만으로도, 내 지난 날들이 위로받는 느낌이었다. 나답게 사는 인생이 뭔지 생각했다. 좋아하는 일 하며 누군가에게 기쁨이 되는 삶, 그것이 얼마나 값지고 소중한지 알았다. 그러나 인생은 다시 한번 나를 멈춰 세웠다. 허리 수술로 모든 활동을 중단해야 했고, 하루 아침에 일상이 무너져 내렸다. 고통스럽고 절망적이었지만, 그 멈춤 덕분에 '비움'과 '회복', '돌봄'과 '희생'을 배웠다. 남편과 가족, 이웃들의 손길을 받으며, 사람 사이의 온기가 얼마나 귀한 것인지 알았다.

건강기능식품으로 몸이 조금씩 회복되면서, 마음속에 새로운 소망이 움텄다. 이 경험을 나누고 싶다. 나처럼 고통받는 누군가에게 작은 희망이 되고 싶다. 그 순간부터 또 다른 길을 향해 나아가기 시작했다. 지금 나는 인생의 연장전을 살고 있다. 전반전은 가족을 위한 시간이었고, 후반전은 나 자신을 위한 시간이었다. 지금 맞이하는 연장전은 '공헌의 시간'으로 채우고 싶다. 내가 받은 사랑을 돌려주고, 누군가에게 작은 빛이 되어주는 일. 그것이 내 삶의 마지막 장을 아름답게 만드는 일이라고 믿는다. 지금 생각해 보면, 그동안 겪었던 아픔과 눈물, 좌절이 오늘의 나를 만들었다. 몸치, 박치였던 내가 라인댄스를 하고, 온라인의 세계를 알고, 건강 정보 나누는 사람이 된 것도 모두 '커다란 계획 속의 흐름'이었구나 라는 생각이 들었다. 그 당시에는 실패라 여겼던 경험이, 지금은 모두 의미와 가치가 있었다. 이제 나는 누군가의 '건강 지킴이'가 되어 고통 속에 있는 이들이 다시 웃고, 다시 꿈꾸고, 다시 살아가도록 도와주는 일을 하고 싶다. 그것이 내가 받은 선물에 대한 보답이라 믿는다. 나는 확신한다. 내 인생에는 결코 꽝이 없었다고. 모든 순간은 나를 성장시키는 배움이었다. 멈춰 섰던 시간은 방향을 재정비하라는 신호였고, 넘어졌던 그 자리가 바로 새로운 출발점이었다. 넘어짐은 다시 일어서는 힘을 길러주었다. 절망 같았던 그 순간들이, 내게 선물로 남아 있다. 나의 인생 전반전도 후반전도 의미 있었다. 그리고 지금, 이 연장전에서 나는 누군가에게 작은 희망을 전하는 빛이 되기로 했다. 그것이 내가 나답게 살아가는 방법이고, 앞으로 걸어가야 할 길이다. 살면서 아프지 않고, 넘어지지 않는 사람은 없다. 하지만 그 아픔과 좌절을 어떻게 바라보느냐에 따라 인생은 달라진다. 나는 지금도 성장 중이다. 어제보다 오늘이 낫고, 오늘보다 내일이 더 나아질 것이다. 나답게 살아가는 방법을 찾아 천천히 또박또박 내가 가야 할 방향으로 나아갈 것이다. 나는 확신했다. 인생의 모든 순간에 '꽝'은 없었다. 내 안에 숨겨진 보물을 발견하게 해주는 과정이었다. 그 보물은 기다림 끝에, 준비된 사람에게만 모습을 드러낸다. 이제 나는 그 보물을 내 안에서 발견했다. 그리고 그 빛을 다른 이들에게 나누며, 내 인생의 연장전을 뜨겁게 살아갈 것이다. 내 인생에 꽝은 없다. 오직 배움과 성장, 그리고 나눔만이 있을 뿐이다.

> 마치는 글

다시 걷는 삶,
다시 찾은 희망

나는 책의 마지막 장을 닫으며, 지금까지의 여정을 돌아본다. 수술대 위에서 느낀 두려움, 처음 지팡이에 의지해 한 걸음을 내디뎠을 때, 몇 개월 후에는 당연히 예전처럼 걸을 수 있으리라 믿었던 나의 안일함. 하지만 시간이 흐르며 깨달았다. 다시 걷는다는 것은 단순히 움직임을 되찾는 일이 아니라, 무너졌던 삶을 바로 세우는 과정이었다. 고통은 내게서 많은 것을 빼앗아 갔지만, 동시에 내가 잊고 살았던 소중한 것들을 돌려주었다. 자유롭게 숨 쉬는 아침, 햇살을 받으며 걷는 산책길, 누군가와 웃으며 나누는 대화, 그 모든 평범한 순간들이 얼마나 값진 선물이었는지를 나는 이제야 안다. 이 책은 그 잃었던 순간들을 다시 찾아가는 여정의 기록이다. 나 혼자만의 것이 아니다. 지금도 병실이나 가정에서 아픔과 싸우는 사람들, 곁에서 함께 지쳐가는 가족들, 건강을 지키고 싶은데 방법을 몰라 망설이는 이들 모두에게 전하고 싶은 증언이다. 재활의 시간 동안 흘린 눈물과 땀, 그 모든 기억이 선명하다. "넘어져도 다시 일어설 수 있다." 나의 회복이 특별한 비법이 아니었듯, 독자에게도 충분히 가능한 길이 열려 있음을 말하고 싶다.

건강은 단순히 몸의 문제만은 아니다. 그것은 삶 전체를 지탱하는 토대다. 하지만 우리는 건강을 너무 쉽게 당연한 것으로 여긴다. 아침에 눈을 뜨고, 걷고, 숨을 고르며 대화를 나누는 모든 순간이 얼마나 큰 선물인지 잃고 나서야 깨달았다. 작은 통증을 가볍게 넘겼고, 피곤함을 대수롭지 않게 여겼다. 그 무시함이 쌓여 병이 깊어졌고, 내 몸은 나를 배신하듯 쓰러졌다. 진실은 어땠을까. 건강은 하루아침에 무너지는 것이 아니라, 무심히 흘려보낸 신호들이 쌓여 무너지는 것이다. 수술 이후 나는 한 가지 분명한 사실을 배웠다. 회복은 누가 대신할 수 있는 일이 아니었다. 의사는 최선을 다해 돕고, 가족은 응원했지만, 다시 일어나 한 걸음을 내딛는 일은, 오직 내 의지와 실천에 달려 있었다. 처음에는 지팡이에 의지해 겨우 몇 발짝 옮겼지만, 그 작은 시도가 므여 나를 다시 자유롭게 만들었다. 건강을 지키는 일에는 비밀도, 단기간의 기적도 없다. 몸의 작은 신호에 귀 기울이고, 사소한 습관을 지켜내며, 무너질 때마다 다시 일어서는 행동뿐이다. 이것이 그동안 내가 배운 가장 강력한 교훈이었다. 이 책 『척추가 바로 서야 인생이 바로 선다』의 핵심이기도

하다. 척추가 바로 선다는 것은 단지 자세의 문제가 아니다. 그것은 곧 인생의 중심을 되찾는 일이다.

또 하나의 중요한 사실은, 건강은 결코 개인의 문제에 머물지 않는다는 것이다. 내가 아프면 가족이 함께 아프고, 내가 회복하면 가족이 함께 웃는다. 건강을 지키는 일은 결국 내 삶을 넘어, 사랑하는 사람들의 삶을 지키는 일이기도 하다. 그래서 나는 이제 이렇게 말할 수 있다. "내 몸은 내가 지킨다. 그리고 그것은 곧 내 가족과 내 인생 전체를 지키는 일이다." 나는 독자에게 전하고 싶다. 이 책을 덮는 순간, 단순히 '좋은 글이었다.'라는 생각으로 끝나지 않기를. 오히려 오늘, 단 한 걸음이라도 내딛기를. 10분을 걸어도, 한 끼를 먹어도, 짧은 스트레칭이라도 좋다. 그 작은 선택이 내일의 건강을 만들고, 내일의 건강이 독자의 삶을 바꿀 것이다. 넘어져도 괜찮다. 다시 일어서면 된다. 그리고 그때마다 인생은 다시 피어난다. 돌아보면, 나는 절망 속에서 시작해 회복의 길을 걸었고, 그 길 위에서 삶의 새로운 의미를 발견했다. 다시 걷는 기쁨, 아침을 맞는 설렘, 그리고 이 경험을 나눌 수 있다는 감사, 이 모든 것은 고통이 내게 남겨준 또 다른 선물이었다. 그래서 이 책은 단순한 투병기가 아니다. 함께 살아가는 모든 사람에게 보내는 응원의 편지이며, 『척추가 바로 서야 인생이 바로 선다』라는 진리를 증명한 기록이다. 이제 나는 다시 길 위에 서 있다. 더 이상 절망의 어둠 속이 아니라, 새로운 희망의 빛 속에서. 그 길 위에서 독자와 나란히 걷기를 소망한다. 우리의 발걸음이 비록 느리더라도, 서로에게 용기가 되고 희망이 된다면 그 길은 아름답다. 오늘의 발걸음이 어제보다 조금 더 가볍고 단단하기를 그리고 내일은 더 곧게, 더 당당히 서 있기를 바란다. 『척추가 바로 서야 인생이 바로 선다』 이것이 내가 걸어온 길이며, 모두가 걸어갈 길이다.